HISTORIA DE ESPAÑA

TEMAS HISPÁNICOS

PIERRE VILAR

HISTORIA DE ESPAÑA

EDITORIAL CRÍTICA
Grupo editorial Grijalbo
BARCELONA

1.ª edición: Librairie Espagnole, París, 1963
5.ª edición: Librairie Espagnole, París, 1975
6.ª edición (renovada y puesta al día): Editorial Crítica, S. A.
    Barcelona, junio de 1978
7.ª edición: octubre de 1978
8.ª edición: marzo de 1979
9.ª edición: octubre de 1979
10.ª edición: enero de 1980
11.ª edición: octubre de 1980
12.ª edición: febrero de 1981
13.ª edición: octubre de 1981
14.ª edición: noviembre de 1981
15.ª edición: octubre de 1982
16.ª edición: enero de 1983
17.ª edición: octubre de 1983

Título original:
HISTOIRE DE L'ESPAGNE

Traducción: Manuel Tuñón de Lara y Jesús Suso Soria
Traducción del prólogo y del epílogo: M. Dolors Folch
Cubierta: Alberto Corazón
© 1947: Presses Universitaires de France, París
© 1978 de la traducción castellana para España y América:
    Librairie Espagnole, París, y Editorial Crítica, S. A., calle Pedró de la
    Creu, 58, Barcelona-34
ISBN: 84-7423-054-3
Depósito legal: B. 33642-1983
Impreso en España
1983 — Gráficas Diamante, Zamora, 83, Barcelona-18

PRÓLOGO A LA NUEVA EDICIÓN ESPAÑOLA

Habent sua fata libelli. *En el momento en que este pequeño libro, en su versión española, aborda una nueva fase de su destino, se me pide que recuerde sus intenciones y sus orígenes.*

De entrada tal cosa me pareció superflua. Pero luego reflexioné que puede no ser inútil, cuando se aborda un libro de historia, saber cuáles son sus vinculaciones con la Historia que reconstruye.

Ahora bien, entre 1930 y 1936, cuando yo exploraba, en los archivos barceloneses, sobre un pasado catalán bastante lejano, compartía también, en las vivencias y en lo cotidiano, las esperanzas y las decepciones, las exaltaciones y las angustias del pueblo español, ya se tratase de diciembre de 1930, de abril de 1931, de octubre de 1934, de febrero, agosto o septiembre de 1936. Y aunque seguí más de lejos el resto de la guerra civil, tuve plena consciencia de lo que significaba, tanto para la historia como para mí: el primer acto del doble conflicto, internacional y social, que adquiriría pronto una dimensión mundial, y que me arrojó personalmente, a partir de junio de 1940, y durante cerca de cinco años, a un campo de prisioneros.

Por ese motivo dediqué una buena parte de ese ocio forzoso a reflexionar (y a hacer reflexionar) sobre los acontecimientos españoles que yo había vivido y sobre sus relacio-

nes con una historia más amplia y más antigua. Pero disponía menos de documentos que de recuerdos, lo que me limitaba a los grandes rasgos y me inducía a las síntesis. Buen ejercicio, qué duda cabe, puesto que, cuando al regresar a Francia las Presses Universitaires me solicitaron una Historia de España *en 125 páginas —un reto—, estaba casi a punto de aceptar el desafío. Sin embargo, no lo hice sin antes sumirme de nuevo, en Barcelona, en las fuentes de mis experiencias, de mis investigaciones, de mis amistades. Y terminé la pequeña obra en el corazón de Castilla, en La Granja, durante el verano de 1946, en medio de un clima de tertulias llenas de humor y de nostalgias, donde el cálido afecto de Luis y Pilar de Valdeavellano introducía fraternalmente a «Gabriela», a «Pierre» y a «Juanito», escapados del drama mundial, entre los escapados del drama español. ¿Y quién no tenía, en esa época, un alma de superviviente?*

Que quede, pues, claro que si en el presente libro resulta evidente alguna vibración un tanto personal frente a los cortes y a las continuidades que configuran la historia, ello deberá atribuirse a los motivos a que he aludido. Existen vínculos vitales entre el historiador y la historia.

Una vez dicho esto, la buena acogida que esta pequeña obra mereció en Francia me afectó en la medida en que revelaba que los franceses no eran indiferentes ante los problemas de España. Pero fui más sensible a las reacciones de mis amigos españoles. En otros tiempos, qué duda cabe, hubiesen visto en este libro un simple manual, homenaje de un extranjero que amaba a su país. En los años 40 y 50 vieron en él algo más: la prueba de que se podía escribir sobre el pasado de España con respeto y admiración, sin caer en el triunfalismo franquista, y sobre los últimos años sin complacencia y sin odio. El libro fue prohibido en España, sin duda, por estos motivos. Y eso plantea otros problemas.

Recientemente, en Barcelona, un joven lector desconocido, tras haberme identificado frente a la ventanilla de una estación, me preguntó: «Pero, a fin de cuentas, ¿a qué se debe que su Historia de España haya estado prohibida tanto tiempo?». La pregunta tenía una fecha: en noviembre de 1977, cuando las librerías españolas rebosaban de escritos explosivos, se entiende mal que un libro de historia, de tono ponderado, haya sido reducido a la clandestinidad, lo cual, por otra parte, le ha proporcionado quizás un prestigio mayor del que en realidad merece.

Saquemos de ello algunas conclusiones: 1) Una ideología que se pretende hegemónica teme más los libros pequeños que los grandes. 2) La historia es una pieza esencial de la ideología y sólo puede contarse de una manera. 3) Hay hechos que deben olvidarse. En Toronto me encontré con un estudiante español que me agradeció haberle revelado, con mi Historia de España, que el terror político, en 1936, no había sido privativo de los «rojos»; ¡había podido ignorarlo hasta los 18 o 20 años! 4) Sin embargo, un libro prohibido circula; ¿lo haría en el caso de chocar con una sensibilidad real? El mío, profusamente citado por la oposición, fue prohibido, pero no replicado, ni denunciado, por la historia oficial. Se cerraron los ojos sobre su difusión; conozco incluso a franquistas (moderados o arrepentidos) que contribuyeron a ella. Los españoles que se negaron, durante cuarenta años, a mirar de frente su propia historia, no fueron más que una minoría.

Pero se me dirá quizás: su historia ¿carecía, pues, de elección, no tomaba partido, era «objetiva» en el estrecho sentido positivista? De hecho, tal actitud me parece imposible. En cambio, he hecho todo lo posible por respetar al lector. A éste no le gustan, incluso cuando lo espera, las injurias inútiles, los silencios sobre la evidencia, la propaganda hipócrita. Juzgar, en historia, equivale a hacer comprender. Los errores, los horrores (cuando existen) se deducen de los hechos. *A menos que se disimule la raíz de las contradicciones, la razón de las luchas.*

Aquí se me planteará otra cuestión: ¿acaso he querido escribir un libro marxista*? Nunca he escondido (en obras que, por otra parte, ¡no han sido prohibidas!) mi elección* metodológica *(que no quiere decir ideológica). En un libro breve, ya demasiado cargado, recordarlo me ha parecido superfluo. Espero tan sólo que mis análisis, en la medida en que su condensación podía permitirlo, se hayan realizado* en el espíritu *de las exigencias marxistas.*

Éstas son muy simples: 1) La historia no es únicamente (aunque sí lo es en gran medida) la de los hombres que detentan el poder, ya sean grandes o pequeños, ni la de las ideas, sólidas o ilusorias, en las que se apoyan o que les amenazan; debería ser también*, debería ser* sobre todo, *la de las masas que trabajan y producen, la de su número y de sus formas de dominio de la naturaleza, la de su división en* clases, *que luchan en el seno de una unidad incesantemente contradictoria en torno a la producción y a la distribución de los bienes; pero estas relaciones se traducen en hechos* institucionales e *ideológicos y, por tanto,* políticos, *excesivamente magnificados por la historia idealista, pero a los que no se debe minimizar. 2) La historia no es tampoco únicamente (incluso siéndolo en gran parte) la de los choques* militares *entre imperios, reinos, religiones o razas, pero es cierto que se desarrolla en marcos* territoriales *organizados, y cambiantes, y que crea, en el espacio,* consciencias estables de solidaridad. *Tales* hechos de grupo *se combinan con las* luchas de clases, *para aglomerar, dividir, proyectar hacia el exterior o replegar sobre ellos mismos a los «estados», personalizados y eternalizados en exceso por la historia tradicional, pero que no dejan de ser los crisoles más observables en los que se funden las «formaciones sociales». 3) Si se añade un último juego de factores entre las* originalidades *del pensamiento y del arte*

que caracterizan a toda formación histórica estable, y la uni-
versalidad de algunas corrientes —religiones, filosofías, cien-
cia, aspiraciones sociales—, se llega a la conclusión de que
«la historia total» es difícil, impracticable sin duda en algu-
nas docenas de páginas, incluso tratándose de un espacio re-
ducido. Pero ¿qué pasaría si uno dispusiera de algunos cen-
tenares? Lo importante consiste en sugerir vías útiles de re-
flexión, y en desterrar el tópico, que jamás es inocente.

Una última observación. Este libro data de 1946. De él
se han hecho, en francés, diez ediciones. En cada una de
ellas he hecho un esfuerzo para modificar las últimas páginas
siguiendo las pautas de los cambios dignos de ser destacados.
Políticamente, fueron pocos. El franquismo consistió sobre
todo, a pesar de sus matices cambiantes, en un inmovilismo.
Económicamente, el estancamiento relativo duró más de lo
que suele decirse. Sólo a partir de 1962 asistimos a un arran-
que espectacular de la capacidad productiva española. He he-
cho un esfuerzo por definir en algunas líneas, en algunas ci-
fras, este «milagro», que fue mundial.

Después del 20 de noviembre de 1975, el movimiento es
inverso. La economía se tambalea y llega a un tope. Lo que
parece «milagroso» es el deshielo político. En la edición fran-
cesa de 1976, a la vez que mantenía mis conclusiones gene-
rales anteriores, quise indicar en un epílogo lo que pa-
recía anunciarse. Pero el historiador no es el hombre idóneo
para los plazos cortos (Engels definió magníficamente, en su
día, lo que separa al político del historiador). Así, pues, he
utilizado aquí de nuevo, y también en un epílogo, el método
prudente: exponer muy brevemente los hechos y plantear al-
gunos problemas. Es normal que una «historia razonada» con-
cluya de forma problemática.

P. V.

París, febrero de 1978.

Capítulo I

EL MEDIO NATURAL
Y LOS ORÍGENES DEL HOMBRE

El medio natural

El Océano. El Mediterráneo. La Cordillera Pirenaica. Entre estos límites perfectamente diferenciados, parece como si el medio natural se ofreciera al destino particular de un grupo humano, a la elaboración de una unidad histórica.

En efecto, la posición excéntrica de Iberia, su aislamiento por los Pirineos, las vigorosas peculiaridades de su clima y de su estructura, el atractivo de algunas de sus riquezas, apenas han cesado de darle en Europa, desde la más lejana prehistoria, una originalidad a veces sutil, a veces inconfundible. No se trata tampoco, aunque ello se haya dicho, de que sea «africana». Algunas constantes naturales han hecho de esta península maciza —especie de continente menor— un ser histórico aparte.

No vamos a inferir de esto que el mundo ibérico sea un mundo cerrado. Ni tampoco que haya ofrecido a los elementos humanos que lo abordaron condiciones particularmente favorables para su fusión en un todo armónico. Porque este mundo, que por un lado se abre ampliamente, gracias a una acogedora periferia, a las influencias externas de todo género, por otro lado opone pronto a quien quiere penetrarlo más profundamente las múltiples barreras de sus sierras y sus mesetas, el rigor de su clima, la escasez de sus recursos. Al contrario que Francia —peor defendida, pero tan admirablemente articulada en torno a sus ríos—, España no goza de ningún sistema coherente de vías naturales. Ningún centro geográfico puede representar aquí el papel que asumieron en sus países un París o un Londres. Estrechos desfiladeros, en las salidas de sus mesetas, cierran casi todos los grandes valles. Tentados estamos de repetir una expresión que ha hecho fortuna, la de que la Península es «invertebrada». Por el contrario, en el transcurso del desarrollo de sus recursos humanos, ha sido víctima de la impotencia excesiva que tiene en su estructura física la armazón ósea de su relieve, con daño para los órganos de producción, de asimilación, de intercambio, de vida. Desde la barrera ininterrumpida de los Pirineos centrales hasta las cumbres igualmente vigorosas que dominan Granada y Almería, se extiende la Iberia montañosa y continental, caracterizada por las dificultades de acceso —de ahí el *aislamiento*—, y por la brutalidad de las condiciones climáticas —de ahí *lo precario de los medios de vida*—.

Estos dos términos de aislamiento y pobreza han sido situados frecuentemente por la literatura contemporánea en los orígenes de los valores espirituales del pueblo español. De ahí parecen derivar «la esencia de España», según Unamuno, sus «profundidades», según René Schwob, su «virginidad», según Ganivet o Frank. Indiscutiblemente, el hombre de las mesetas representará un gran papel en el relato que vamos a esbozar, sin duda el principal. De la naturaleza de su país ha sacado su pasión por la independencia, su valor guerrero y su ascetismo, su gusto por la dominación política y su desprecio por la ganancia mercantil, su aspiración a hacer o a mantener la unidad del grupo humano de la Península.

Pero esta última aspiración, ¿no expresa en realidad el sentimiento confuso de una necesidad vital? Aislada, la España central llevaría una vida precaria. Carece de medios y alimenta a pocos hombres. Se comunica difícilmente con el extranjero. No se adapta, sino con retraso, a la evolución material y espiritual del mundo. Para mantener contacto con éste, para vivir y actuar en él, está obligada a asociarse estrechamente, orgánicamente, con esa magnífica periferia marítima peninsular, de tanta vitalidad y capacidad de asimilación, tan extraordinariamente situada frente al Viejo Mundo, y frente al Nuevo. A la España «adusta y guerrera» que se le presenta a Antonio Machado desde lo alto de las mesetas de Soria se opone, pero para completarla, esa otra España rica y feraz, «madre de todos los frutos», vergel de manzanas doradas en la antigüedad y jardín de los califas en la Edad Media, cuya imagen ha sido exaltada por la tradición popular y por la literatura romántica. ¿Cómo olvidar la gloriosa cintura de puertos ibéricos de donde salieron, para la conquista de Oriente, y luego de Occidente, los mercaderes y los marineros de Cataluña y Andalucía, de Mallorca y de Portugal, de Valencia y del País Vasco?

Desgraciadamente, esta Iberia feliz, esta Iberia activa (por un fenómeno que es, además, clásico en el Mediterráneo) siente difícilmente la atracción de esa parte interior del país. La franja litoral se aísla y se fragmenta materialmente por la disposición del relieve, por la forma y orientación de los valles, y vuelve la espalda a las mesetas del centro. Hace tiempo que Th. Fischer lo mostró, por lo que se refiere a Portugal. Eso es también verdad (aún más, porque la elevación de la meseta no es simétrica) si se aplica a las pequeñas unidades costeras del este español. Por eso tantas regiones marítimas de Iberia tuvieron destinos autónomos en múltiples momentos de la historia. Por el contrario, ninguna de esas pequeñas potencias, cuyos triunfos fueron sobre todo de orden económico, tuvo jamás suficiente amplitud territorial ni energía política bastante continua para arrastrar decisivamente a toda la Península. La historia de ésta encierra, pues, una lucha incesante entre la voluntad de unificación, manifestada generalmente a partir del centro, y una tendencia no menos espontánea —de origen geográfico— a la dispersión.

De esta manera, tanto el presente como el pasado dependen de una naturaleza contradictoria. El carácter macizo, el relieve, la aridez del centro español, unidos a ciertos retrasos técnicos o sociales, imponen a España, en pleno siglo xx, un promedio de rendimiento de trigo que no sobrepasa los 10 quintales por hectárea. ¿Podrá bastar esto por mucho tiempo a una población que, en menos de cien años, ha pasado de 17 a 35 millones de habitantes? E inversamente, ¿dónde podrán colocarse los productos tan ricos, pero tan especializados, de las tierras de huerta? La cuestión reside en quién triunfará decisivamente, si el arcaísmo económico y espiritual de las regiones rurales más aisladas, o el torbellino de influencias que actúan sobre los grandes puertos y las grandes ciudades. No olvidemos que los catalanes y los vascos, esto es, los españoles más accesibles al contacto con el extranjero, han tenido tendencia, desde hace cincuenta años, a desertar de la comunidad nacional. Es preciso superar una crisis, y, dentro de lo posible, rehacer una síntesis. Y si algunos espíritus —según llegó a verse, sobre todo en Castilla— predicaran a los españoles, como solución a los graves problemas planteados a su pueblo, tan sólo el orgullo del aislamiento y el culto exclusivo de la originalidad, la vida moderna les respondería: Gibraltar y Tánger, Canarias y Baleares, bases submarinas y aeropuertos, cobres de Riotinto y potasas de Suria. Económica y estratégicamente, España no puede permanecer al margen de las duras realidades del mundo presente. La

Península es una encrucijada, un punto de encuentro, entre África y Europa, entre el Océano y el Mediterráneo. Una encrucijada extrañamente accidentada, es verdad. Casi una barrera. Un punto de encuentro, sin embargo, en que los hombres y las civilizaciones se han infiltrado, se han enfrentado y han dejado sus huellas desde los tiempos más remotos.

EL ORIGEN DE LOS HOMBRES Y DE LAS CIVILIZACIONES

Desde el punto de vista antropológico, no puede hablarse de «raza española», como tampoco de «raza francesa».

La aparición del hombre en España fue precoz. Los abundantes restos paleolíticos jalonan a veces lugares designados para grandes destinos, como Madrid. Cantabria nos muestra en Altamira, en el período magdaleniense, la «Capilla Sixtina del arte prehistórico»; luego, en los confines del neolítico y de la edad de cobre, Andalucía es de nuevo un centro de progreso humano. Sin duda, no comprendemos bien el contenido de los primeros nombres indicados por los textos. Ni siquiera la palabra «iberos» está completamente clara. Se aplica a un pueblo africano de tipo bereber, infiltrado hasta los Pirineos a lo largo del Levante español y cuyos modos de vida pueden describirse bastante bien. Pero se ha renunciado a identificar los iberos con los vascos, cuya ascendencia tal vez se remonte a las primeras civilizaciones pirenaicas. Por último, el elemento celta no es nada despreciable en la etnografía española: la mezcla «celtíbera», en la meseta, presenta rasgos característicos: y el celta, propiamente dicho, da el tipo dominante en el «finisterre» de Galicia.

Añadamos a esto que, en los comienzos de la era histórica, Levante fue visitado sin cesar por los navegantes venidos del otro confín del Mediterráneo. Y Roma, después de las guerras púnicas, no abandonó un instante la idea de sojuzgar toda la Península. Pero tardó mucho en dominar las mesetas. Se alzaron ya contra ella esas formas originales de resistencia que aparecerán frecuentemente entre los españoles: las guerrillas de Viriato, y la implacable defensa de las grandes ciudades sitiadas; en lo más alto de la Meseta, Numancia fue durante veinte años la pesadilla del soldado romano y, en 133, prefirió destruirse antes que rendirse. Sin embargo, las regiones litorales, más rápidamente romanizadas, impusieron poco a poco su influencia a todo el país. Y este fue uno de los más hermosos momentos de la Península, por lo menos aparentemente.

Esta «edad de oro» se sitúa en los dos primeros siglos de nuestra era. Las minas españolas eran bastante bien explotadas. Los caminos y puentes, rústicos o majestuosos, llegaban hasta Galicia y Cantabria. Importantes obras hidráulicas, a menudo atribuidas erróneamente a los árabes, datan del tiempo de los romanos. Andalucía fue un granero de Roma. Y España, al mismo tiempo que sus riquezas, envió a la capital a sus más preclaros hijos: Quintiliano, Marcial, Lucano, Séneca, los grandes emperadores Trajano y Adriano. Sin embargo, podemos preguntarnos hoy en día si la superestructura romana había transformado realmente la antigua vida de las tribus, y si el rendimiento económico de la esclavitud no disminuyó antes de lo que se cree. Se advierte, no obstante, que, si bien el sistema romano ofreció síntomas de decadencia desde el siglo III, y sufrió el impacto de los bárbaros en el siglo V, no por eso dejó de conservar, en medio de sus más turbulentas épocas, lo esencial de su andamiaje. Sólo se hunde completamente ante el Islam en 711.

El cristianismo y la Iglesia fueron, en gran parte, quienes garantizaron esta duración.

Las primeras oleadas de invasores (alanos, suevos y ván-

dalos) destruyeron mucho, pero pasaron pronto. Los visigodos, que vinieron de Galia, llegaron romanizados en gran
parte. Fue sobre todo su religión —el arrianismo— lo que
prolongó las luchas internas. Cuando su rey Recaredo se
convirtió al catolicismo, pareció que comenzaba otra gran época (587). Los reyes visigodos, que eligieron Toledo como
capital, acababan de realizar la unidad ibérica, esta vez independiente de todo imperio exterior. Latinos y godos olvida-
ban progresivamente sus diferencias iniciales. Un célebre có-
digo común —el *Liber Judiciorum*— fue redactado por gentes
de la Iglesia. La Monarquía sufrió una especie de fiscalización teocrática por parte de los concilios de Toledo. Un Isi-
doro de Sevilla, en su obra enciclopédica, intentó salvar la
herencia espiritual de la antigüedad. Pero tales realizaciones
representaban el último destello de una civilización, y no el
comienzo de una nueva era. La sociedad española no tardó en
desgarrarse política y socialmente. Los esclavos y los colonos
vivían en la miseria. Las disensiones religiosas y raciales re-
nacían sigilosamente. Los judíos eran perseguidos; los nobles intrigaban. Por último, obrando como agentes de un
partido, los africanos musulmanes pasan el estrecho y cam-
bian bruscamente la suerte de España.

Antes de rememorar lo más clásico de la historia de
España, que empieza con la invasión del Islam, era sin duda
necesario medir primero la acumulación de sedimentos civili-
zadores que precede, en el pasado español, a esta era medieval. Prehistoria inmensa y brillante, romanización excepcio-
nalmente fecunda y duradera, participación activa en la formación del mundo cristiano. Entre las naciones del Mediterráneo, todas tan favorecidas humanamente, la nación española
no cede a ninguna en cuanto a antigüedad y continuidad de la
civilización.

Capítulo II

LOS GRANDES RASGOS DE LA HISTORIA CLÁSICA: LA EDAD MEDIA

La España musulmana

Avance y retroceso del Islam

Invadida en 711 por el bereber Tarik, la Península fue dominada en siete años, aunque, naturalmente, no sin conmociones. Pero en Córdoba se afirmó una autoridad. Abderramán I (756-788), desterrado omeya, había roto los vínculos de España con Oriente. Abderramán III (912-961) se proclamó califa, y Córdoba se convirtió en la capital de Occidente. Pese a esto, los cristianos volvieron a ocupar una parte de la España del norte desde fines del siglo x. Hacia el año 1000, Almanzor, «el Victorioso», lanzó contra ellos nuevas expediciones destructoras. Pero, treinta años después, el califato se hunde y es reemplazado por veintitrés «taifas», reinos o repúblicas oligárquicos. Los cristianos no cesaron ya en su avance. No obstante, el Islam contraatacó dos veces, gracias a las sectas bereberes venidas de África: los almorávides (Zalaca, 1086), y luego los almohades (1172). Estos últimos fueron derrotados en las Navas de Tolosa, en 1212. Desde aquel momento la Reconquista acentuó sus progresos; sin embargo, tuvo que dejar subsistir, durante los siglos XIV y XV, el pequeño reino de Granada, encaramado sobre las crestas de Sierra Nevada, y tuvo que permitir, en las provincias reconquistadas, numerosas formas de vida musulmana.

El Islam español ha ejercido, por consiguiente, una influencia que dura *de tres a ocho siglos,* según las regiones. Para estimar dicha influencia se ha recurrido, con demasiada frecuencia, a juicios de valor: ¿«Bárbaros del norte» contra refinamiento andaluz? ¿«Bárbaros del sur» que sólo habrían dejado gérmenes de ruina? La controversia, así, tiene poco interés. Afortunadamente, hoy está superada. Investigaciones sólidas se esfuerzan cada vez más por averiguar los hechos positivos y las influencias duraderas.

Balance de la influencia islámica

En algunos aspectos, la invasión fue, sin duda, destructora. Pero nadie podrá negar el auge dado a Andalucía por sus dominadores venidos de Oriente. No «crearon», como se ha dicho durante mucho tiempo, los sistemas de regadío y. la prosperidad agrícola, sino que completaron, mejoraron y embellecieron la obra de los romanos, introduciendo frutos nuevos y prácticas hortícolas hasta entonces desconocidas, que importaron de África y de Persia. Igualmente, si la vida urbana había brillado durante el período romano, triunfó en la España mora. Las actuales «medinas» marroquíes (refugio, además, de tantos andaluces) permiten imaginarse lo que fueron, entre los siglos X y XIV, ciudades como Córdoba, Sevilla, Toledo, Almería, Granada: artesanos trabajando el cuero, los metales, los muebles, la cerámica, los tejidos de lana y seda; comerciantes organizados bajo una fiscalización munici-

pal, exacta y compleja. Y sobre todo ello, el esplendor de los
palacios, las mezquitas, las escuelas y las bibliotecas. Esto fue
así no sólo durante el breve triunfo del califato: el geógrafo
El Edrisi y el filósofo Averroes viven no en el siglo x, sino
en el xii. A fines de este siglo se construye la Giralda en Sevilla. Y la Alhambra, tan frecuentemente designada como
símbolo de la civilización hispano-musulmana, no es en realidad más que su último destello, que data sobre todo de los
siglos xiv y xv.

Sería imposible que no quedase nada de este episodio tan
brillante, y tan prolongado, del pasado español. Así, se ha
podido insistir en los elementos árabes de artes populares aún
existentes (tapicería, cerámica), de la música, en los rasgos
de las costumbres familiares, en el temperamento o en la religión del pueblo andaluz. Sin embargo, es conveniente que
nos armemos de alguna prudencia sobre el particular. El término «árabe» tiene la gran falla de evocar una influencia ra-
cial que fue seguramente limitada; la inmigración bereber
—mucho menos extranjera para el viejo fondo español— fue
seguramente más considerable. Y las uniones múltiples constituyeron rápidamente un grupo «hispano-moro» relativamente coherente. La España mora fue en realidad un crisol en el
que se fundieron las aportaciones de las más diversas cultu-
ras: la mezquita de Córdoba, la Alhambra de Granada, crea-
ciones armoniosas, pero heterogéneas, son buena prueba de
ello, en los dos puntos extremos de su evolución. Desde este
crisol fueron filtrándose los productos hacia la Europa cristiana, hacia la filosofía escolástica, hacia el arte románico, hacia
la escuela de medicina de Montpellier, hacia la poesía lírica
de los trovadores y la poesía mística de Dante.

¿Cómo sucedió esto? Porque los dos mundos no estaban
en absoluto separados. Entre las pequeñas unidades cristianas
y las pequeñas unidades moras, había guerras, pero también
intercambios, intrigas, tratados, relaciones de cortesía. Los

derechos de los vencidos fueron pronto garantizados. Cada sociedad tuvo su pirámide. Entre los musulmanes, primero estaban los jefes árabes, los soldados, luego los bereberes, luego los renegados cristianos, luego los indígenas que siguieron siendo cristianos, llamados mozárabes. Entre los cristianos el orden era: clero y nobles, cristianos viejos, mozárabes recuperados, «cristianos nuevos» convertidos y, por último, los mudéjares que guardaban su fe, sus costumbres y sus jueces. Añadamos los judíos, durante mucho tiempo respetados. Y no olvidemos a los esclavos. En materia de cultura, los intercambios son continuos. Hay cristianos «algarabiados» —que saben árabe —y musulmanes «ladinos», que saben latín. Un rey reconquistador fundó una universidad triple: árabe, hebrea y cristiana.

En resumen, la Edad Media conoció un Islam español lleno de vida y de originalidad, cuya riqueza, pensamiento y complejidad prepararon, no menos que la Reconquista cristiana, las grandes realizaciones de la España futura.

LA ESPAÑA DE LA RECONQUISTA

El desarrollo de la Reconquista

En la primera mitad del siglo VIII, después de la simbólica victoria de Covadonga (sin duda en 722), se constituye un sólido estado cristiano en las montañas de Asturias, Cantabria y Galicia. Los moros apenas se instalaron más allá de la línea Coimbra-Toledo-Guadalajara. Las mesetas de León y Burgos son abandonadas a las incursiones temporales, y permanecen despobladas. Pero, desde mediados del siglo VIII a mediados del siglo IX, las divisiones internas impusieron una actitud defensiva a los reyes asturianos.

Esta actitud, entre 785 y 811, favorece no obstante a la Reconquista, al permitir en el este las tentativas de los francos. Dichas tentativas resultaron eficaces sobre todo en la actual Cataluña del norte, donde se fundó una «marca» franca, cuyos jefes principales eran los condes de Barcelona. En los Pirineos —y Roncesvalles lo prueba—, núcleos de vascos y de navarros lucharon independientemente.

Después de 840, el reino de Asturias reanudó sus progresos, llegó al Duero y fijó su capital en León. Sin embargo, un conde disidente funda pronto Castilla, en torno a Burgos (932-970). Un reino de Navarra que surge en los Pirineos llega hasta Tudela, en el Ebro superior. Estos progresos son contenidos por Almanzor alrededor del año 1000.

La caída del califato de Córdoba permite después la consecución de los primeros triunfos de Castilla: los cristianos rebasan la sierra central y toman Toledo (1080). Pero llegan los almorávides, y sólo el Cid les resiste, creándose un dominio alrededor de Valencia (1095). Sin embargo, a su muerte, se pierde Valencia. Castilla es presa otra vez de sus divisiones.

El siglo XII es ante todo el de las victorias de Aragón. Este pequeño reino pirenaico, bajo Alfonso el Batallador, se instala en Zaragoza en 1118. Alfonso se apodera de las plazas moras del sur del Ebro, Calatayud y Daroca. Luego se une por matrimonio con el condado de Barcelona, el cual, a su vez, llega hasta Tortosa en el delta del Ebro. Los aragoneses fundan Teruel en 1170. Pero por estas fechas orientan su atención durante cierto tiempo hacia sus intereses en el Mediodía francés.

La amenaza almohade, a principios del siglo XIII, da lugar a un vigoroso esfuerzo de los cristianos, y a su unión general en 1212. Las Navas de Tolosa, victoria obtenida gracias a dicha unión, representa el acontecimiento militar de mayor alcance para el porvenir de la Reconquista. A partir de aquel momento Portugal, reino del oeste, va a conquistar sus provincias meridionales; en Castilla, san Fernando ocupará Córdoba en 1236, Sevilla en 1248; en el reino de Aragón, Jaime I, llamado el Conquistador, se apodera de las Baleares entre 1229 y 1235, de Valencia en 1238, así como de Játiva y Alcira y más tarde de Murcia. Hacia 1270, los musulmanes sólo conservan Granada y algunos restos de la región de Huelva.

De 1270 a fines del siglo xv, la Reconquista se paraliza. Portugal vuelve sus ojos hacia el Océano y Aragón hacia el Mediterráneo. Castilla se desgarra en luchas dinásticas, aunque no deja de enfrentarse con los moros de Granada y de África, pero sin lograr éxitos decisivos. Esta etapa final de la Edad Media no puede ya considerarse como la Reconquista. Tiene otros rasgos y otras consecuencias, que examinaremos cuando llegue el momento.

La herencia de la España de la Reconquista

La propia lentitud de la Reconquista señala toda su importancia. Una rápida expulsión de los infieles hubiera cambiado la suerte de España, pero no hubiera modelado su estructura, impregnado las costumbres y el espíritu, como pudo hacerlo una cruzada de varios siglos. Sin duda, los jefes de una España fragmentada no tuvieron *constantemente,* en el transcurso de acontecimientos inconexos, una conciencia *perfectamente* clara de los fines perseguidos. Pero la presión de las necesidades, en un país pobre y de población creciente, hizo en todas partes de la Reconquista *una empresa de colonización permanente, a la vez que una guerra santa.* La sociedad medieval española se fundó sobre esa necesidad de expansión, y sobre ese impulso de fe.

España —y en España, sobre todo Castilla— fue de 711

a 1492 una sociedad en combate permanente. «La clase que combate» se adjudicó, naturalmente, el primer puesto. La gran nobleza llegó a ser más poderosa que en otras partes; y la pequeña nobleza más numerosa.

La primera no tiene de ningún modo sus orígenes en los grandes feudos del tipo francés: en los pequeños reinos de la Reconquista no había cabida para divisiones de ese género. Pero sí conocieron los grandes nobles, colaboradores del rey en las batallas, que por su valor individual de guerreros, y por el número de sus fieles, eran capaces de orgullo y de independencia, de política personal a veces muy audaz en las guerras o en las intrigas en el campo enemigo. Así, el conde Fernán González fundó Castilla, y el Cid, símbolo aún más brillante, se convirtió en árbitro de las querellas moras y gobernó Valencia casi como un rey. Más tarde, después del siglo XIII, en la época de las grandes conquistas, y sobre todo cuando la conquista de Andalucía por los castellanos, la ascensión de la gran nobleza adquiere otro carácter; está asegurada por los propios reyes mediante la distribución de inmensos dominios, de pueblos enteros y de bienes muebles considerables. Los grandes nobles siguen siendo, en muchos aspectos, los dueños de la propiedad rural en ciertas provincias, a la vez que personajes de la corte vinculados tradicionalmente al poder.

El papel de la pequeña nobleza, muy diferente, no por eso ha sido menor. Desde los comienzos de la Reconquista, los pequeños ejércitos de infanzones y caballeros seguían al rey o a los grandes señores. Suficientemente ricos para equiparse, poseedores de alguna tierra («hidalgo», esto es, hijo de algo, se dirá más tarde), seguirán no obstante, en su mayoría, sin poseer gran fortuna; a ellos se unirán los hijos menores de las grandes familias, a quienes la costumbre de los mayorazgos, finalmente generalizada, empujará hacia la carrera militar o hacia el clero. Son ellos quienes constituirán los ejércitos de Flandes y de Italia, quienes realizarán la «Conquista» de las Indias, continuación natural de la «Reconquista» medieval para una categoría social que no tiene razón de ser más que en el combate. Son ellos quienes caracterizarán a España (cuando la decadencia les impida emplearse en el exterior) con sus sueños y su nostalgia de aventuras, con su orgullo y su voluntad de no hundirse en la decadencia. Serán Don Quijote o los héroes picarescos; se convertirán en los gentilhombres anacrónicos, admirables o ridículos, de los novelistas del siglo pasado. E incluso hoy en día, bajo aspectos a veces muy «pequeño burgueses», ¿no encontramos en el propietario rural y en el abogado de pequeña ciudad, en el estudiante o el militar utilizados por el «movimiento» franquista, la actitud de los hidalgos como clase, sus esperanzas y sus pretensiones, su comportamiento ante el trabajo y la vida práctica, su ideal, que no es sino una negativa a abdicar?

Observaciones del mismo género pueden hacerse sobre *el clero,* habituado por siglos de «Reconquista» a formar la armazón ideológica de toda la sociedad, y también dividido, como la nobleza, por un lado en aristocracia rica y poderosa, por el otro en masa numerosa y pobre, pero penetrada de su importancia y autoridad. Una tradición vigorosa hace del clero español un clero militante e incluso militar, que no se asusta (sino todo lo contrario) de la idea de lucha armada en favor de la fe y de sus representantes, y que reivindica la dirección espiritual (y en parte material) de la sociedad.

Hay que precisar que la función dominante del clero y de la nobleza no significó en modo alguno, durante la Edad Media, el aplastamiento social o la anulación política de las otras clases de la sociedad. Sin duda alguna este afortunado equilibrio se debió al hecho de la *expansión* por la Reconquista. Las necesidades del *combate* y las de la *repoblación* imprimieron a la sociedad española de la época curiosas particularidades. Por una parte, la guerra mantuvo lo bastante alto el prestigio real para retrasar la formación del feudalismo; por otra parte, los elementos populares disfrutaron de excepcionales favores. El trabajo de la tierra, la autodefensa de los lugares reconquistados, exigían numerosas concesiones personales o colectivas del tipo de las behetrías (protección de un hombre o de un grupo por un señor de su elección), o del tipo de las cartas pueblas (cartas concedidas para la repoblación). Sobre estas bases, aunque el sistema feudal se desarrolló, las comunidades campesinas o urbanas fueron fuertes y relativamente libres. Más tarde, cuando la Reconquista se extendió, los diversos grupos reconquistados (mozárabes, judíos, mudéjares) recibieron a su vez su estatuto, sus fueros. En definitiva, la sociedad medieval española fue regida por un complejo de fueros, que han dejado grandes recuerdos. A partir del siglo XII, hay que añadir un fenómeno nuevo: mientras la debilidad económica congénita de Castilla paralizaba en ella la expansión de las clases medias, la periferia de la Península —Portugal, Cataluña, Valencia, Baleares— asiste, por el contrario, a la constitución de verdaderos núcleos burgueses, de repúblicas mercantiles a la italiana. Retengamos algunos aspectos de estos fenómenos medievales, en los que la intervención de las clases ajenas a la nobleza tuvo ocasión de desplegarse en España. Su influencia no ha desaparecido.

Citemos entre ellos las costumbres económicas comunales de la vida rural: comunidad de bosques, de ejidos, de montes, a veces repartos periódicos de campos o cosechas, colectividades pastorales de altos valles o de pastores trashumantes, comunidades hidráulicas sobre todo, con costumbres de sorprendente solidez. Un «colectivismo agrario» español se opondrá, hasta bien entrado el siglo XIX, a las conquistas del individualismo moderno. Y en el siglo XX, no puede decirse que este debate haya sido cancelado.

Citemos a continuación las tradiciones municipales de las ciudades, burgos y villas, que se basan en el concejo elemental, reunión soberana de los habitantes, o, más adelante, en asambleas más restringidas, sin olvidar la tendencia a federarse de estas municipalidades, de la que son testimonio las hermandades de Castilla, las uniones de puertos cántabros y vascos, el agrupamiento en torno a Barcelona de los burgos catalanes que, por una ficción jurídica, son llamados «calles» de la ciudad-capital. Esta *fuerza de vida local,* este cantonalismo que sueña con la federación, seguirán siendo una característica constante de la política española.

Pensemos, por fin, en las famosas Cortes, que representaron ante la realeza y sus consejeros naturales (nobles y clero), al elemento popular de la nación. Esta institución típica de la España medieval es particularmente precoz en la historia de las asambleas representativas. Nace, seguramente, en León, antes de fines del siglo XII y, en todo caso, funciona normalmente, desde mediados del siglo XIII, en todos los reinos de España: Castilla, Aragón, Valencia, Cataluña, Navarra. Las Cortes, más regulares que los Estados generales franceses, y por ello mismo menos revolucionarias, registraban las sucesiones reales, recibían el juramento del rey a los fueros del país, votaban los subsidios y (según las regiones, antes o después de este voto, lo que no es indiferente) expresaban las quejas (agravios, *greuges*). Esto ha hecho que se hable de «democracia» medieval española. Es exacto que —siempre que se delimite bien el sentido atribuido a las palabras— pocos pueblos participaron en su gobierno en el transcurso de la historia como el pueblo español en la Edad Media. Es algo que se recuerda frecuentemente con razón. Y eso representará un papel nada despreciable en la psicología política de España.

Puede decirse que los momentos de mayor armonía conocidos por España fueron los del siglo XIII. En Castilla, de 1230 a 1252, reina san Fernando, no menos cristiano que su primo san Luis, pero más realista, porque limita la idea de cruzada al horizonte español, y más amplio de espíritu, ya que se dice «rey de las tres religiones». En Aragón reina el vigoroso catalán «En Jaume», el Conquistador, batallador y poeta, brutal y galante sin escrúpulo, pero rodeado de santos: Raimundo de Peñafort, Pedro Nolasco y el extraordinario Ramon Llull. El Islam retrocede y las catedrales se alzan. Es el triunfo general del mundo cristiano.

Una reserva. Desde el punto de vista nacional, la España de la Reconquista se disgrega más que se unifica. El León de los siglos IX a XI, la Castilla hasta mediados del XII, no cesaron de declararse herederos de los soberanos visigodos; sus reyes se hicieron llamar «emperadores de toda España». Pero la idea chocó con las realidades. Geográficamente, la lucha se emprendió en sus orígenes partiendo de territorios montañosos, físicamente aislados. Históricamente, la guerra contra los moros favoreció las tentativas de independencia: Castilla se desgajó de León, el Cid estuvo a punto de crear el estado de Valencia, y Portugal se desarrolló independientemente; en el este, la Reconquista tomó, en el siglo XIII, una forma federativa: Valencia y Mallorca fueron erigidas en reinos, junto a Aragón y el condado catalán; la propia división en taifas de la España mora favoreció esta fragmentación. Asturias, León y Castilla, Galicia y Portugal, Navarra, Sobrarbe, Aragón, Ribagorza, los condados catalanes se agregaron o disgregaron durante largos siglos al ritmo de las uniones matrimoniales y de las sucesiones de familia. Cada país acabó por adquirir y conservar el orgullo de sus títulos y de sus combates, la desconfianza para con sus vecinos. Señores aventureros y municipalidades libres contribuyeron a aumentar este espíritu particularista. Es verdad que, por encima de todos se alza la unidad de fe, el espíritu de cruzada, el sentido de la comunidad cristiana contra el moro, que no deben velarnos los accidentes locales ni las alianzas circunstanciales. Pero en ello reconocemos una manifestación —y acaso una de las fuentes fundamentales— de una nueva dualidad de la realidad española: por un lado la tendencia al particularismo, a los vínculos que podríamos llamar *infranacionales*; por otro lado la tendencia al universalismo, a las pasiones ideales *supranacionales*. Entre las dos, no se definirá sin dificultad la conciencia del grupo español: y es un fenómeno que dura todavía. Incluso en el siglo XIII siguen subsistiendo las principales fisuras, pese a esenciales simplificaciones, sobrevenidas por la unión de Aragón y Cataluña en 1137, y por la unión de León y Castilla en 1230. Aun dejando a un lado Navarra (a la cual un accidente dinástico ligó momentáneamente a Francia), y Granada, todavía no conquistada, hay que dejar constancia de una grave división tripartita de Iberia entre Portugal, Castilla y, en Levante, la federación Aragón-Cataluña-Valencia. Hecho tanto más amenazador para la futura unidad, cuanto que se trata de una división que corresponde a tres temperamentos en los hombres y a tres direcciones naturales en la geografía: el Océano, las mesetas y el Mediterráneo. El final de la Edad Media española, inserto en este marco tripartito peninsular, influirá considerablemente en el porvenir nacional.

EL FINAL DE LA EDAD MEDIA:
FACTORES DE DIVERGENCIA Y FACTORES DE UNIDAD

Las divergencias del siglo XIV

El siglo XIV parece comprometer el porvenir de la Reconquista y de la unificación. Sólo Castilla prosigue la lucha contra los moros. Pero su eficacia política está minada por las crisis dinásticas y las revueltas de nobles: lucha entre los herederos de Alfonso X (1275-1295), minorías de edad de Fernando IV y Alfonso XI (1312-1325), trágico duelo entre Pedro el Cruel y su hermano bastardo Enrique de Trastamara (1350-1369), pretensiones de la casa de Lancaster al trono castellano.

Durante ese tiempo, Portugal emprendía su vuelo independiente de los destinos de la Península: en 1383 una revolución llevó al trono a la casa de Aviz; en 1385 la batalla de Aljubarrota descartó la intervención castellana en este asunto. Dinastía y burguesía comercial de los puertos prepararán desde entonces las grandes navegaciones.

La «Corona de Aragón» (mal llamada así, puesto que comprende, junto al paupérrimo reino interior, las ricas regiones marítimas, y porque sus soberanos son catalanes) experimenta una atracción análoga por el lado mediterráneo. El poderío de los puertos, el comercio de Levante, ampliamente desarrollado en el siglo XIII, la buena suerte de la dinastía —de 1276 a 1410, siete reyes, no exentos de grandeza, se suceden sin dificultad—, todo esto eleva rápidamente a Aragón al nivel de gran potencia mediterránea. Sus reyes atacan Túnez en 1280, intervienen en Sicilia, obtienen derechos sobre Cerdeña y Córcega, luchan al lado de Venecia contra Pisa y Génova, establecen numerosas factorías en Levante y heredan la Morea y el ducado de Atenas de los aventureros catalanes que los arrebataron a Bizancio. Barcelona, con su catedral y Santa Maria del Mar, con el salón municipal de su Consell de Cent, y la Llotja de su Consulat de Mar, con el palacio que servía de sede a la Diputación permanente de sus Corts (la Generalitat), no lejos del de los reyes de Aragón, conserva en el corazón de la emocionante parte antigua de la ciudad el recuerdo de este pasado glorioso, en que ha podido alimentarse el orgullo de los recientes renacimientos regionalistas. En la expansión aragonesa se encuentra también el origen de los intereses españoles en Nápoles y en

Italia. Vemos, pues, que el siglo XIV no debe ser olvidado, si se quieren comprender bien algunos grandes acontecimientos del porvenir: independencia de Portugal, puntos de atracción múltiples del imperio español, resistencia de los catalanes a la primacía castellana.

Los factores de unificación en el siglo XV

La decadencia de Cataluña. — La prosperidad de Levante fue, en verdad, breve. Antes de terminarse el siglo XIV Mallorca había perdido la tercera parte de sus navíos y casi todas sus compañías mercantiles. Valencia seguirá siendo rica gracias a su huerta. Pero el hogar de la «casa condal», Cataluña, dará bien pronto síntomas de agotamiento. Los más visibles son de orden demográfico: hambre, peste, temblores de tierra, etc., entre 1333 y 1521, impiden que Cataluña recupere su población del siglo XIII (que, sin duda, había sido una superpoblación).

Esto fue el origen de un vasto conflicto agrario. Los campesinos quisieron hacerse pagar por la escasez de su número, y explotar las masías desocupadas. Los señores blandieron contra ellos sus viejos derechos: «derecho de maltratar», «remença», «malos usos». Desde 1380 a 1480, la revuelta agraria fue pasando de las formas místicas y espontáneas a las formas políticas organizadas, luego a la lucha armada, y minó los fundamentos del edificio social catalán.

Desde 1350, y desmintiendo las previsiones oficiales, el crecimiento de las ciudades se paralizó. Después de 1380 estallaron crisis financieras y marítimas. En 1391-1392 el conflicto entre la ciudad y el campo, y los disturbios urbanos, acarrearon la desaparición de las ricas comunidades judías, sobre todo en Mallorca, pero también en Gerona y Barcelona. Mientras que la materia imponible retrocede, la deuda pública aumenta. El fracaso monetario del florín de oro de Aragón, la devaluación de las monedas de cuenta ante el «croat» de plata barcelonés, expresan el debilitamiento de la economía.

Así sucede que el reinado de Pedro el Ceremonioso (1334-1387) fue glorioso, pero agotador para la Corona de Aragón. El de Juan I (1387-1396) fue brillante, pero turbulento; resulta difícil distinguir aquí la afición por la cultura y por la curiosidad geográfica y científica, del deseo de lujo inútil y de las «malas artes». Por último, el reinado de Martín el Humano (léase el humanista) se caracterizó por el áspero conflicto con Cerdeña. Génova y la piratería triunfan en el Mediterráneo. Y la muerte viene a herir duramente hasta la misma familia real.

En 1410, la muerte de Martín el Humano hace estallar la crisis política, puesto que no deja heredero directo. Durante dos años de interregno se marcha, pacíficamente en apariencia y muy jurídicamente, hacia una solución arbitral, que es el Compromiso de Caspe (1412). Pero es un príncipe castellano, Fernando de Antequera, quien empuña el cetro de Aragón. Esto da fin a la eficaz colaboración entre soberanos y burguesía catalana y anuncia la decadencia de Barcelona, pero también expresa una inversión de equilibrio entre las fuerzas de la España interior y las de la España mediterránea.

En la práctica, incluso si el apogeo del comercio y de la banca de Barcelona se sitúa entre 1420 y 1435, la economía catalana carece cada vez más de base sólida de población y producción. El rey Alfonso V, al abandonar España por Nápoles, se arruina con una política demasiado amplia, sancionada por los fracasos marítimos (Ponza, 1435), y por la ruptura entre Barcelona y Oriente. La crisis se manifiesta en Cataluña a mediados del siglo. Entre 1333 y 1450 el comercio exterior barcelonés se desploma en la proporción de 5 a 1. Mientras tanto, se reanuda el conflicto agrario, y dos bandos políticos se enfrentan, en lucha por el poder municipal: la «Biga», partido de los rentistas y de la aristocracia mercantil de los importadores, y la «Busca», partido de los «artesanos y menestrales», productores, exportadores, partidarios de la devaluación monetaria y del proteccionismo aduanero. El rey hace entrar a la «Busca» en el Consell de Cent y orienta las negociaciones sociales en favor de los campesinos «de remença». Aquí se sitúa el origen de una ruptura entre las clases dirigentes de Cataluña y la monarquía, que se consuma bajo Juan II. Durante diez años de guerra civil (1462-1472), alto clero, grandes señores y burguesía catalana buscaron en vano un rey de su agrado, mientras que Juan II encontraba apoyo en las bandas de campesinos rebeldes del este catalán. Gran político, el soberano sabrá granjearse a las clases por él vencidas, y preparar para su hijo, el futuro Fernando el Católico, el matrimonio castellano, clave de la unidad española. Pero el principado catalán sale agotado de la crisis. Hacia 1484, cuando la Inquisición se instala en Barcelona y expulsa a los judíos conversos, la ciudad tendrá menos de 20.000 habitantes. Fernando la reorganizará y, mediante el arreglo del conflicto agrario (Sentencia de Guadalupe, 1486), permitirá que Cataluña disponga de una clase agraria libre y fuerte, pero poco numerosa. La debilidad demográfica y la ruina de las ciudades dirigentes no permitirán por mucho tiempo que los antiguos estados aragoneses-catalanes tengan política propia, pese a los títulos y órganos de autonomía.

Impulso y triunfo de Castilla. — Por el contrario, y a menudo contra las apariencias, Castilla se ha preparado durante el siglo xv para su futuro papel de dirección. Verdad es que, si se ven las cosas desde el exterior, parece víctima del desorden. El rey Juan II de Castilla (1406-1454) es refinado y débil. Su hijo Enrique IV (1454-1474) es un anormal que reina en una corte de peregrinas costumbres. Pero la

corte no es el reino. Éste, bajo esos largos reinados, en realidad se ha robustecido.

Demográficamente, las pestes del siglo xiv afectaron gra-
vemente a Castilla. Pero sus efectos parece que fueron menos
duraderos que en la España mediterránea. Desde los años
1400-1410 las expediciones hacia Granada y África señalan la
reanudación de la expansión castellana. En el transcurso de
las guerras civiles, tropas reales y milicias urbanas se encon-
traban bien provistas de soldados. El censo llamado de Quin-
tanilla, en la época de los Reyes Católicos, no es aceptable
(atribuye a Castilla 7,5 millones de habitantes), pero parece
que desde el siglo xv el equilibrio de las densidades llega a
ser muy favorable a Castilla y muy desfavorable para las regiones mediterráneas (contrariamente al equilibrio del siglo xiii y al actual).

Económicamente, los primeros grandes privilegios dados
a la Mesta, corporación de ganaderos trashumantes, son aproximadamente contemporáneos de la Gran Peste (1347). Los
dos hechos contribuyeron, al mismo tiempo, a la extensión
de los pastos en las mesetas, que llegará a ser excesiva, pero
que asegurará a España, en la Europa arruinada de entonces,
la mejor producción posible de valor económico internacional. La circulación de los trashumantes, liberada voluntaria-
mente de las trabas comerciales entonces clásicas, aumenta el
comercio interno de Castilla, favorece ferias como la de Medina del Campo, activa desde comienzos del siglo xv, reorga-
nizada en 1483 y bien pronto seguida por las de Villalón, Valladolid, Medina de Rioseco... Mirando hacia el exterior, los
«consulados» de Burgos (1494) y Bilbao (1511) aseguran la
exportación de lanas merinas, dando papel preponderante a
los mercaderes españoles en plazas como Brujas, Nantes, Londres y La Rochela.

Pero Castilla tiene desde entonces dos fachadas marítimas activas: la cantábrica y la andaluza. Sus prosperidades es-

tán ligadas. Entre 1460 y 1470, se funda en Cádiz el colegio de pilotos vascos, que dará al Océano sus grandes navegantes. Las relaciones con el África mora, a veces en rivalidad y a veces de acuerdo con Portugal, son a la vez comerciales y guerreras. Expediciones oficiales y privadas prolongan en territorio africano las operaciones de la Reconquista, en busca de ese oro africano tan apreciado en la segunda mitad del siglo xv, época de rápida valoración de los metales preciosos. El desvío de hombres de guerra y mercaderes, primero del Oriente hacia el Occidente mediterráneo, y luego hacia el África occidental y las «Islas», acabará por reunir en torno a los Reyes Católicos, al pie de Granada sitiada, hacia los años de 1480, a los italianos, españoles de Levante y judíos conversos, al mismo tiempo que a los jefes militares y a todo un ejército de nobles empobrecidos, dispuestos a la aventura.

En esta coyuntura demográfica, económica y militarmente expansiva, las clases medias, como en los buenos tiempos de la Reconquista, vuelven a ocupar un puesto importante. Milicias urbanas, clero medio y pequeña nobleza reaccionan vigorosamente contra la turbulencia —triunfante sobre todo de 1350 a 1450— de la alta nobleza y de los príncipes, y contra los desórdenes materiales y morales de la corte.

Son estas clases medias quienes apoyan una tentativa autoritaria prematura, la del ministro de Juan II, Álvaro de Luna (1445-1453). Las influencias moriscas y judías que actúan sobre los reyes y los grandes de la corte producen el éxito popular de las prédicas favorables a la unidad de fe y al orgullo de «cristiano viejo». Una mujer recoge el fruto de esas aspiraciones: Isabel, hermana del rey Enrique IV, que aspira a su sucesión. La opinión la prefiere a Juana, hija del rey, considerada como ilegítima.

Isabel representa el orden monárquico contra las turbulencias nobiliarias, la moralidad contra las costumbres degeneradas, la raza reconquistadora contra los judíos y los moros.

En 1474, cuando muere Enrique IV, Isabel representa aún algo más: anuncia la unidad española, ya que desde hace cinco años está casada con el heredero del trono de Aragón. Verdad es que en esa misma fecha el rey de Portugal pide la mano de doña Juana, la otra heredera. El momento es decisivo. ¿En qué vertiente se realizará la etapa fundamental de la historia ibérica? ¿En el costado atlántico o en el mediterráneo? ¿Por Oriente o por Occidente? El destino se perfila al cabo de una lucha de diez años (1469-1479): la España moderna unirá las tradiciones de Reconquista de Castilla a las ambiciones mediterráneas de Aragón. Y, en la gran aventura colonial que va a comenzar, Portugal creará un imperio aparte.

El triunfo de Castilla resulta así más tajante. La desaparición de Cataluña como potencia, la decadencia comercial del Mediterráneo, los orígenes castellanos de Fernando y el genio de Isabel no permiten que Levante desempeñe en la unidad española el papel que hubiera podido tener un Portugal en pleno desarrollo, si la causa de doña Juana hubiese resultado victoriosa. De ahora en adelante el espíritu de la Meseta pastoral y guerrera, y el del período de Reconquista, van a orientar la historia de España. En la constitución de la España moderna (en particular en la conquista colonial que emprenderá), lo que dominará los hábitos de vida y las fórmulas del pensamiento será aún la herencia de la prolongada lucha medieval, *la concepción territorial y religiosa de la expansión, más que la ambición comercial y económica*. A este mantenimiento del espíritu castellano, reconquistador y medieval —tan profundamente opuesto a los fenómenos nacientes del capitalismo—, deberá el poderío español, en su apogeo, su originalidad, su grandeza y seguramente también algunas de sus flaquezas.

CAPÍTULO III

LOS GRANDES RASGOS
DE LA HISTORIA CLÁSICA:
LOS TIEMPOS MODERNOS

1479-1598. Tres reinados y poco más de un siglo. Este tiempo bastó para proporcionar a España uno de los más brillantes triunfos que la historia conoce. Éxito demasiado rápido, ciertamente, para poder asegurar su solidez; y que será seguido de profunda decadencia. Pero esta época ha dejado a España el orgullo legítimo (aún sensible en el espíritu político contemporáneo), no sólo de haber sido una potencia considerable, sino la primera en el tiempo y en importancia de las naciones fundadoras de vastos imperios coloniales.

LA CONSTRUCCIÓN POLÍTICA

Apogeo y debilidades de la unidad

El matrimonio y el acuerdo recíproco de los Reyes Católicos aseguraron el hecho fundamental: la unión Aragón-Castilla. En 1492, los reyes tomaron Granada. Y en 1515, un año antes de su muerte, Fernando dio un golpe de mano decisivo sobre Navarra. En el extranjero ya no se dice más que «el rey de España». Agreguemos que los reyes no olvidaron el oeste. No fue culpa suya si los dos matrimonios portugueses de su primogénita sólo dieron un heredero, muerto en la primera infancia. Pero, como Carlos V se casó con una infanta de Portugal, Felipe II llegó a unir un día bajo su cetro toda la Península y los dos mayores imperios del mundo. *Entonces, en 1580, puede situarse el verdadero punto culminante de la historia peninsular.*

Sin embargo, la fragilidad de la obra no permitía grandes ilusiones. De 1479 a 1580, Portugal se había asegurado una personalidad, mediante sus conquistas. Además, uno de los primeros resultados de su unión con Castilla fue precisamente la pérdida para él de esas conquistas. Por eso se rebeló en 1640. En cuanto a la unidad española, propiamente dicha, ¿presentaba, al menos, mayores garantías?

De hecho, resultaba difícil que los Reyes Católicos borrasen en veinticinco años de reinado todas las costumbres particularistas de un largo pasado. En la unión matrimonial, Castilla había tenido interés en dejar constancia de sus derechos: «Tanto monta, monta tanto, Isabel como Fernando»; y se había reservado (por lo menos, en la intención) el beneficio de los descubrimientos: «A Castilla y a León, Nuevo Mundo dio Colón». A la muerte de la reina, los nobles castellanos expulsaron a Fernando, que sólo pudo ejercer de nuevo la regencia a causa de la locura de su hija. Aragón había conservado su vieja administración; Aragón, es decir, en realidad una federación de estados, donde Cataluña, Baleares y Valencia conservaban preciosamente sus fueros, cortes, aduanas, monedas, tributos y medidas. Incluso, cuando reinando Carlos I de España (el emperador Carlos V) ya no había más que un solo soberano, fue preciso mantener virreyes en las antiguas capitales. Jamás los antiguos reinos aceptarán con buenos ojos a los funcionarios y soldados «extranjeros», *es decir, venidos de Castilla.* Para que semejante espíritu fuese a la larga compatible con la unidad, hubiese sido necesario que el poder central se mostrase a la vez poco exigente y de un prestigio por encima de toda crítica. Esto se logró bajo Carlos V y, parcialmente, bajo Felipe II, que no supieron, sin embargo, aprovecharlo para minar las viejas instituciones, ni para asegurarse el mando efectivo. España no tuvo a tiempo su Richelieu ni su Luis XIV. A las primeras intromisiones de Felipe II, Aragón le recordó con dureza sus viejas prerrogativas. La primera tentativa enérgica de centralización fue la de Olivares, en el siglo XVII, cuando ya se agotaba la fuerza económica y militar del centro español. Era ya demasiado tarde para ser brutal. Portugal se sublevó. Y Cataluña se ofreció a Francia.

Con este doble incidente, *el año 1640* evidencia uno de los defectos de construcción del edificio español. La unidad *orgánica* entre las provincias no podrá obtenerse, cuando ya la decadencia siembra los gérmenes de descontento. El recuerdo de las gloriosas independencias medievales renacerá periódicamente.

Activo y pasivo de la unificación religiosa

En realidad, los Reyes Católicos habían prestado atención sobre todo a otro peligro: la mezcla de religiones, costumbres y razas. Esa mezcla, que en el siglo XIII había creado la elástica complejidad de España, cede su puesto a una pasión de unidad, a un exclusivismo religioso que caracterizarán desde entonces al grupo español. ¿Por qué y cómo? Se trata de una larga historia, que a menudo se simplifica con exceso, y que no empieza con los Reyes Católicos.

Cuando éstos suben al trono, hace ya siglo y medio que

la influencia de los judíos en las altas esferas, y el trabajo más humilde de los artesanos y campesinos moros al servicio de los nobles cristianos, excitan la envidia de las clases populares de estirpe cristiana. El orgullo de origen, de «limpieza de sangre», compensan en los vencedores de la Reconquista el temor de la superioridad material, demasiado sensible, del vencido. En cuanto a la Iglesia, ésta teme por la fe, ya que las herejías amenazan al mundo, y con mayor razón a España, penetrada de espíritu judío y moro. El alto clero confía en la controversia, pero los frailes, más próximos al pueblo, empujan a la conversión en masa y forzada. Así se encadenan campañas de conversión y movimientos populares, desde las violencias de 1348, que siguen a la peste, hasta las matanzas de judíos de 1391, que conmovieron el Levante, y hasta las predicaciones de Vicente Ferrer. Pero las medidas de los reyes —medidas de orden y protección— no hacen más que acentuar la separación entre los grupos. Las conversiones en masa producen «cristianos nuevos» sospechosos y poco resignados.

En esta historia de la unidad religiosa, el reinado de los Reyes Católicos no es, pues, un punto de origen, sino un momento de crisis y de decisión. En 1478 se crea el tribunal de la Inquisición, dirigido fundamentalmente contra los judíos conversos sospechosos; en 1492, los judíos son expulsados en masa; en 1499, en Granada, Cisneros toma a su cargo una virulenta campaña de conversión. Los moriscos se sublevan. Fernando dirige personalmente la represión. Y en 1502 expulsa a todos los no conversos de los dominios de Castilla.

El problema no se resuelve por eso. Carlos V lo encuentra de nuevo, en Valencia y Baleares, como elemento importante de la rebelión popular de las germanías. En 1525-1526 quiere suprimir, en toda España, hasta el recuerdo de las costumbres y de la lengua de los infieles. Todo en vano. Los moriscos no se asimilan. Sus hábitos de vida y de pensamiento, sus intereses y su organización (ofrecen colectivamente dinero a los

reyes) los agrupan tanto como su antigua religión. Se temen
sus lazos con los piratas de Berbería y con Francia. Son una
«minoría nacional» a la que se combate con armas conocidas:
luchas escolares y lingüísticas, propaganda, separaciones de
hijos y padres, represión policíaca, confiscación de bienes.
La Inquisición no aporta a esta represión ni más ni menos
rigor ni escrúpulos de los acostumbrados. Y, sin embargo, bajo
Felipe II, una terrible guerra desgarra aún el sur andaluz.
El final es conocido: bajo Felipe III triunfa la idea de la necesidad de una expulsión general. Ésta se hizo de 1609 a 1611:
grave pérdida material para el país. Pero la unidad íntima se
ha consumado esta vez.

Esta gran querella se acompaña de otra: el cruce, en los
espíritus españoles, de varias filosofías y varias místicas, los hacía más fácilmente accesibles a las deformaciones de la fe. El
«iluminismo», el erasmismo, la audacia de ciertos reforma-
dores españoles, como Valdés o Servet, prueban que la Península no escapaba (tal vez al contrario) a la tentación revolucionaria en materia de religión. Pero la reacción fue viva. El
pueblo y el bajo clero aplicaron a la heterodoxia los habi-
tuales métodos de violencia empleados contra los judíos y
los moros. Y en los soberanos (sobre todo en Felipe II)
triunfó la idea de que había *identidad entre ortodoxia católica
y solidez española*. El instrumento de lucha existía. Bastó a los
reyes sostener sin cesar a la Inquisición para que ésta llegase a
eliminar, hacia 1535, el vigoroso brote del erasmismo, y más
tarde, bajo Felipe II, toda tentativa de los protestantes. A fines
del siglo XVI triunfó el unitarismo, tanto contra la pluralidad
religiosa del mundo moderno como contra los vestigios de
pluralidad heredados del mundo medieval.

¿Balance de este triunfo? Aún hoy es objeto de viva y, a
veces, dolorosa controversia. Hay españoles que ven en el
exclusivismo religioso el fundamento de todo lo que ha habido
de grande en su país; otros, por el contrario, ven en él el

origen de todas las decadencias. Olvidan distinguir entre dos momentos. En uno de ellos, en los confines de los siglos xv y xvi, una conjunción del sentimiento de las masas, del pensamiento de la Iglesia y de la voluntad del Estado, en favor de la unidad religiosa, expresa sin duda una necesidad. La fe de Isabel no excluye la prudencia. Y Fernando no es brutal por fanatismo. Cisneros, despiadado para con los disidentes religiosos, es también (por su reforma monástica, por su universidad de Alcalá, por su Biblia políglota) un gran artífice de la Prerreforma. El reinado de los «Reyes» prepara un siglo triunfador. Si España asimila a Carlos V es porque se ha creado una fuerte atmósfera antes de él. Si conquista un mundo, lo evangeliza y dirige la Contrarreforma, material y espiritualmente, es gracias al unanimismo moral creado a fines del siglo xv por ella que puede vivir esas grandes horas.

Pero el mecanismo psicológico puesto en marcha por la pasión de unidad produce también otros resultados. El mundo cambia, alrededor de España, y ésta no se adapta. El unitarismo religioso es responsable de ello, en parte. Afecta, por arriba, a la actividad financiera judía, y por abajo, a la actividad agrícola de los moriscos de Levante y Andalucía. El triunfo del «cristiano viejo» significa cierto desprecio del espíritu de lucro, del propio espíritu de producción, y una tendencia al espíritu de casta. A mediados del siglo xvi, los gremios empiezan a exigir que sus miembros prueben la «limpieza de sangre»: mala preparación para una entrada en la era capitalista. Por otra parte, el puesto que ocupa la Iglesia en la sociedad no favorece la producción y circulación de riquezas: la multiplicación del número de clérigos y de las instituciones de beneficencia obstruyen la economía con clases improductivas; las confiscaciones de la Inquisición, las donaciones a las comunidades crean sin cesar «bienes de manos muertas». Por último, la hacienda pública va a arruinarse por el vano empeño de proseguir la hegemonía en el orden espiritual. España, que el descubrimiento de América pudo haber situado en primera fila del mundo económico moderno, no ocupó ese puesto: lo debe, en gran parte, a esa psicología religiosa, mezclada de elementos económicos y raciales, heredada de la Edad Media en decadencia. El pasivo, en este balance de la unificación espiritual forzada, no puede descuidarse; prepara la «decadencia» y las dificultades —sensibles hasta nuestros días— que encontrará la renovación.

El Estado moderno

Políticamente, los Reyes Católicos doblegaron la turbulencia de los grandes nobles y empezaron su domesticación, canalizaron hacia el ejército el espíritu de aventura de la pequeña nobleza, dominaron las maestranzas de las órdenes religioso-militares, hicieron de la Hermandad, policía de ciudades, una policía de estado. Introdujeron sus corregidores en los grandes municipios, convocaron muy raramente las Cortes (ni una sola vez entre 1480 y 1497), e hicieron de los procuradores de estas asambleas una especie de funcionarios. En cambio fundaron, en el centro, los Consejos (de Castilla, de Aragón, de Hacienda, de Indias), puntos de partida de una célebre burocracia; para la Justicia, fundaron una cancillería y las audiencias. Su reforma monetaria, sus favores a la Mesta, su intervención en la guerra de liberación de los siervos catalanes, prueban las preocupaciones económico-sociales que les dominaban. Desde todos los puntos de vista dejaron su huella en el porvenir.

Carlos V hizo frente, no obstante, a una última sacudida de las costumbres medievales: en Villalar (1521), aplastó a las comunidades de las ciudades castellanas alzadas contra él. Desde entonces, el absolutismo estaba asegurado. La fundación de la «grandeza» y de los «títulos» de España inmovilizó la jerarquía nobiliaria. En las Cortes, los procuradores de las ciudades deliberaron solos a partir de entonces. Por último, el prestigio internacional de Carlos, y su hispanización sincera, hicieron sin duda más que esas medidas para asegurar la autoridad del poder real.

Felipe II llevó hasta el exceso la preocupación de asegurarse esta autoridad absoluta. Al trasladar a Madrid, y luego al palacio-convento de El Escorial, el centro vital del Imperio, hispanizó tanto el poder que lo hizo insoportable en ciertos puntos de sus posesiones, y, con sus escrúpulos, retrasó el ritmo de una maquinaria ya poco ágil. Secretarías, consejos, alcaldías, cancillerías, audiencias, llegaron a ser al mismo tiempo costosas para el Estado y ruinosas para los administrados. Castilla, menos protegida que los antiguos estados autónomos, fue aplastada por los impuestos y progresivamente esterilizada por la burocracia y la corrupción. Bien pronto, bajo los sucesores de Felipe II, el gran sistema del Estado moderno español, edificado con demasiada rapidez, no fue sino una fachada todavía imponente, que ocultaba un edificio ya en ruinas.

La hegemonía exterior

Sin embargo, es ya bastante tarde, en 1643, cuando se desploma, en Rocroy, la «temida infantería del ejército de España», instrumento que también había sido forjado en tiempo de los Reyes Católicos, cuando el «Gran Capitán», Gonzalo Fernández de Córdoba, comprendió las posibilidades que ofrecía, tanto en hombres como en espíritu militar, la clase de los hidalgos.

Los orígenes de la expansión española son conocidos. La política matrimonial de los Reyes Católicos, y una serie de azares, reunieron bajo el cetro de un heredero único, Carlos de Gante, Aragón y sus intereses italianos y mediterráneos,

Castilla y sus primeras conquistas coloniales, la casa de Borgoña-Flandes, Austria y finalmente el Sacro Imperio Romano. Historia general, demasiado conocida para que sea útil volver a trazarla aquí. Sólo guardaremos de ella el valor que tuvo para el porvenir de España; por una parte liga la política de ésta a la idea de imperio, y por otra, dispersa sus fuerzas y la arruina materialmente.

No es ilógico que Carlos V, ante la extensión de sus territorios, haya vuelto, en torno a la idea de imperio, al sueño unitario de los gibelinos. Es natural que lo hiciera bajo la influencia de la tradición española, en la que sobrevive la Edad Media, en la costumbre de las guerras evangelizadoras y en las tesis jurídico-teológicas de las universidades.

Para darse cuenta de que Carlos V agota en su propia vida una fuerza más limitada de lo que él creía, basta comparar al joven y brillante vencedor de Pavía con el vencedor preocupado y cansado de Mühlberg, y finalmente con el recluso de Yuste. Porque esa fatiga es también la del pueblo español. Unas cuantas decenas de miles de buenos soldados es poco para todo un mundo. Se hace preciso, entonces, pagar mercenarios. Y pagar también viajes imperiales, cortes de virreyes, así como el prestigio de un soberano del siglo XVI. ¿Qué pasa, entonces, con el presupuesto modesto, dispuesto «al modo de Castilla», que las Cortes no cesan de recordar? Hay que pedir préstamos, con la garantía de los famosos ingresos de las Indias. En 1539 se debe un millón de ducados a los banqueros Fugger, Welser, Schatz y Spínola: en 1551, se deben 6.800.000. En 1550, no se puede disponer de los ingresos de América por un plazo de dos años. Los intereses se vuelven usurarios. Se ofrecen garantías, no sólo de las colonias, sino de la propia España: los maestrazgos, las minas de Almadén. Cuando, en 1556, abdica Carlos V y escinde el Imperio entre su hijo y su hermano, confiesa un fracaso a la vez político y material. Felipe II, el día de la gloriosa batalla de San Quintín, que abre su reinado, manifiesta una verdadera obsesión en su correspondencia: la preocupación por los sueldos a pagar. El rey de España, a quien todo el mundo cree cubierto de oro, se encuentra paralizado por esta miseria. En 1557 está en bancarrota. Decididamente, la idea de un poder universal no está en armonía con la época. Ha llegado la era de las políticas puramente nacionales. Pero Felipe II no lo confesará y da a su lucha contra Francia el sentido de un conflicto antiprotestante. En Lepanto, defiende victoriosamente el Mediterráneo contra los turcos. Sólo que, en este glorioso decenio —1571-1580— que se abre con Lepanto y se cierra con la unidad ibérica, dos amenazas pesan ya sobre las posesiones de Felipe II. Una interior, la rebelión de los Países Bajos. Otra exterior, el nacimiento de las ambiciones inglesas. Pese a la severidad de la represión, la rebelión de los «Gueux» no ha sido dominada; en 1597 hay que considerar la secesión como un hecho consumado. El golpe es grave moralmente, como victoria de la Reforma. Y es grave materialmente, porque rompe la solidaridad económica de Castilla-Flandes, reemplaza como almacén mundial a Sevilla y Lisboa por Amsterdam, anuncia la conquista por los holandeses de las colonias portuguesas. Por el lado inglés el peligro es de más lejano alcance. Con Isabel estalla la rivalidad, que durará siglos, e irá, poco a poco, despojando a España. El intento de la Armada Invencible expresa el deseo español de terminar de una vez con la amenaza. Su fracaso, en 1588, asegura a las naciones del norte, hasta entonces mediocres, su porvenir marítimo. Triunfo del protestantismo y del capitalismo al mismo tiempo. El edificio mundial del poderío ibérico no podrá ya durar mucho.

El esfuerzo colonial y económico

Sin embargo, el aspecto de la expansión española que ha seguido siendo esencial para los tiempos modernos es *el otro*: el fenómeno colonial. Nadie le niega el sello de grandeza, lo que no ha sido indiferente para la conciencia ulterior de la nación española. La historia ofrece pocos ejemplos de eficacia y celeridad tan grandes en un esfuerzo de descubrimiento y ocupación. Recordemos que el papel desempeñado por la casualidad —el «error científico» de Colón— no puede empañar el valor de las fuerzas espontáneas de que surge la Conquista. Ésta es como el relevo de la Reconquista ibérica. Se esbozó en Canarias hacia 1400, y se realizó primero paralelamente a una expansión africana. Se trata, pues, de un impulso para el que España, pese a recurrir a extranjeros, a quienes además asimila (Colón, Vespucio, Magallanes), toma su vigor en su propio pueblo: marinos, soldados, clero, emigrantes.

Dos años después de la hazaña de Colón, el papa repartió la Tierra entre Portugal y España. De 1495 a 1503, transcurre la era del comercio y de la navegación libres, con expediciones poderosas: segundo viaje de Colón o flota de Ovando (30 navíos y 2.500 hombres). Bastaron diez años (1492-1502) para poder trazar un mapa no sólo de las islas (Lucayas, Antillas, con «La Española», Cuba, Jamaica, Puerto Rico) sino también de una línea continental que va del paralelo 34 sur en el Brasil hasta El Labrador. Desde luego, se trata a veces de simples reconocimientos, pero ya en Haití viven bajo Ovando «de diez a doce mil españoles, entre ellos muchos hidalgos y gentilhombres». Un importante esbozo de Imperio existe allí y sobre el Istmo, donde Balboa, en 1513, vio el Pacífico por vez primera.

El ritmo se acelera en la época de Carlos V. Los años 1519-1522 son de una actividad sorprendente. Espinosa crea Panamá. Las Casas intenta (en vano) la colonización pacífica.

Cortés funda la Villa Rica de la Vera Cruz, lleva sus jinetes hasta México, donde reprime la gran rebelión, y es nombrado lugarteniente del rey en la Nueva España. Exactamente al mismo tiempo, descubre Magallanes la ruta del Extremo Oriente, y su piloto Elcano recibe de Carlos V los blasones con un globo que lleva la divisa: *Primus circumdedisti me.*

De 1523 a 1529, se explora Nicaragua partiendo del sur, Guatemala y Honduras partiendo del norte. En el continente meridional, en Venezuela (cedida a los Welser), en el Perú, en el Río de la Plata se hacen reconocimientos de terreno y se preparan los puntos de penetración: Santa Marta, Cartagena de Indias. El carácter macizo del continente norte se opone a las penetraciones profundas; pero Álvar Núñez Cabeza de Vaca, en una extraordinaria aventura, lo atraviesa desde el Mississippi hasta California. Desde las costas de México se llega ya al Asia.

Los grandes progresos territoriales se reanudan, en 1531, con la brutal conquista del imperio inca; se funda Lima en 1535; Almagro, separado de Pizarro, tomará el relevo de Valdivia y extenderá la penetración hacia la cordillera andina meridional (1541, Santiago de Chile). En 1539, tres columnas de descubridores que habían salido del Perú, de Santa Marta y de Santa Ana del Coro se juntan en las mesetas interiores. Desde el valle de Bogotá descienden juntas por el curso del Magdalena hasta el Océano. Durante ese tiempo, partiendo de Asunción, Irala organiza los países del Plata. En el norte, Hernando de Soto visita la actual Georgia, Coronado el Colorado, hasta Arkansas. Y, pese a la rivalidad portuguesa, López de Villalobos, en 1542, después de haber salido de Nueva España, llega hasta el archipiélago que él llama «las Filipinas». En cincuenta años, se han recorrido las costas del Nuevo Mundo (este y oeste) en 80 grados de latitud, se han atravesado las cordilleras, y las tres altas mesetas; las cuatro grandes cuencas fluviales han sido reconocidas, y el Pacífico explorado. En todas partes donde lo permite la naturaleza se esboza una colonia de población, mientras que, gracias a la trata de negros, se impulsa ya la exportación azucarera en las Antillas.

En tiempos de Felipe II se desenvuelve la ocupación de los territorios del sur, Chile y los territorios del Plata, donde se multiplican las fundaciones o instalaciones: Mendoza (1559), San Juan (1561), San Miguel de Tucumán (1565), Santa Fe (1573), Córdoba (1573), Buenos Aires (1580), Salta (1582), Corrientes (1588) y San Luis (1597). Pero sobre todo, en 1580, por medio de la unión hispano-portuguesa, se unen todos los dominios de Extremo Oriente a los de América. En 1564-1565, un gran piloto, el religioso vasco Urdaneta, consigue el «regreso del Oeste», de Asia a las costas americanas. Legazpi ocupa Luzón, funda Manila; Mendaña, Sarmiento y Quirós descubren las islas Salomón, Tahití, las Marquesas, las Nuevas Hébridas, y Torres, el estrecho que lleva su nombre. En 1580, España tiene las factorías de África, India, archipiélago de la Sonda, las Molucas, Célebes y Filipinas; está en contacto con Japón y China, y piensa intervenir en Camboya y Siam. Verdad es que los rebeldes de los Países Bajos amenazan ya estas posiciones, y que en 1584 Raleigh ofrece «la Virginia» a su reina. La expansión española ha encontrado sus enemigos y sus límites. La enumeración de sus progresos durante un siglo no deja por eso de ser asombrosa. Los nombres de los descubridores y conquistadores no han sido aureolados por un romanticismo fácil. Sus expediciones apasionadas, sus sorpresas brillantes, su sed de oro y de evangelización, constituyen «la más extraordinaria epopeya de la historia humana».

¿Acaso fue una simple aventura, deshonrada aquí por la avaricia y engrandecida allá por la fe? No. Porque también participa de todo el espíritu creador (científico, jurídico-político, económico y material) del siglo XVI.

Es evidente que el empirismo y la aventura individual ocupan el primer plano. Pero España, no menos que Portugal, es la heredera de la ciencia judía y árabe, de la cartografía mallorquina, de la experiencia náutica de los marinos vascos, y sus corporaciones, «Colegio» de Cádiz, «Universidad» de Triana, anuncian a la vez el poderío material de los armadores de Sevilla y la actividad técnica y científica de la «Casa de Contratación», con sus juntas de cosmógrafos, sus «maestros de hacer cartas», sus «capitanes de mar» y su «piloto mayor», autores de «artes de marear» y de «itinerarios». El estudio de las tierras descubiertas —comprendiendo en él su «geografía humana» y su historia— preocupaba igualmente. Fernando Colón es «cosmógrafo cronista» de Indias, y, sin hablar de los excelentes «viajes», «historias» y «cartas» de todos conocidos, conviene saber que los «catálogos» y «relaciones geográficas» figuraban entre los deberes oficiales de los descubridores, fijados en las «ordenanzas de descubrimiento y población». Así, pues, la colonización fue obra voluntaria y meditada.

Pese al carácter medieval de ciertas «capitulaciones», de las concesiones de tierras, o incluso de la organización política de las ciudades fundadas, el sentido del estado moderno presidió la colonización. El rey, además del «quinto» de las rentas (regularmente pagado, si no escrupulosamente calculado), conserva el dominio directo de toda conquista. Los contratos con Magallanes y Loaysa son muy precisos. Un Pizarro no se compromete a nada sino con poderes regulares. Si es preciso, los más elevados aventureros, Colón o Cortés, son llamados al orden. Pedrarias hace ejecutar a Balboa por su rebelión. Las luchas terribles entre conquistadores (por ejemplo, entre Pizarro y Almagro) no dieron lugar nunca, antes de 1580, a una rebelión contra el rey. La preocupación jurídica de los conquistadores se manifiesta por la curiosa costumbre de tomar posesión de las tierras ante notario, y la preocupación administrativa de los soberanos por la instalación —que comienza en 1508— de las audiencias y ayuntamientos. El sistema, coronado por los virreyes y por el Consejo de Indias, será pesado y de funcionamiento defectuoso. Sin embargo, se mantendrá durante tres siglos.

¿Puede verse, detrás del edificio, una concepción política y moral de la colonización? Abordamos aquí el tema de una famosa controversia, entre una «leyenda negra» de las «tiranías y crueldades perpetradas por los españoles en las Indias Occidentales», leyenda difundida por los sucesivos adversarios de España —ingleses, franceses, criollos de tiempos de la Independencia—, y por otra parte una contraleyenda, mucho más reciente, que quiere trazar un cuadro idílico de la colonización cristiana de los españoles. Lo esencial, de hecho, es distinguir entre una práctica brutal (pero no más brutal que cualquier otro tipo de colonización) y una doctrina, e incluso una legislación, de intenciones sumamente elevadas (que ha faltado frecuentemente a colonizaciones más modernas). Como la «leyenda negra» se ha apoyado sobre todo en las denuncias unilaterales y apasionadas de Bartolomé de las Casas, ha sido fácil poner en tela de juicio los horrores, cuyos vestigios concretos resulta difícil encontrar históricamente. Por el contrario, los textos de las leyes y las afirmaciones doctrinales son de indiscutible autenticidad. Negar la «leyenda negra» no es por eso más «objetivo» que aceptarla sin crítica.

Hoy sabemos que todos los horrores son posibles. En un siglo en que la vida valía bien poco, en un aislamiento en que el hambre y el miedo exigían un despliegue de fuerza, las tropas de aventureros españoles no son inocentes, sin duda, de los crímenes de que Las Casas las acusa, confirmados incluso por los cronistas y religiosos que lo tachan de demasiado apasionado. En las islas, y en particular en «La Española», el conflicto entre lavadores de oro y plantadores de caña en busca de la mano de obra indígena terminó, como es sabido, por una verdadera caza del hombre, por el suicidio colectivo de una raza y su sustitución por los negros, cuya trata y esclavitud no fueron discutidas por nadie.

Cuando Colón ofreció como esclavos a Isabel la Católica los indios capturados, la reina respondió: «¿Qué poderes ha recibido de mí el almirante para dar a nadie *mis vasallos*?». Esta preocupación de los reyes por tener súbditos directos y libres salvó de la esclavitud jurídica a los indios, considerados en principio como iguales desde su conversión. Esto fue, a partir de 1500, el estribillo de las Leyes de Indias. Pero la repetida obligación de revisarlas prueba que distaba mucho entre el principio y su aplicación. Había que explotar la Conquista. Se organizaron las «mitas» para las minas, apoyándose en las costumbres de los propios países, que suponían prestaciones gratuitas de trabajo. En el campo, sin generalizar ni renunciar al dominio directo del rey sobre el indio, se «confiaron» al colono privilegiado «las almas» de cierto número de indígenas, justificando la prestación de trabajo por la protección proporcionada, la subsistencia asegurada y la catequización ofrecida. Esto fue la «encomienda». Así se estableció una relación social semicolonial y semifeudal. Naturalmente, se abusó de ella, a pesar de las formas paternalistas. Las denuncias afluyeron y el soberano reaccionó, particularmente con las «Nuevas Leyes» de 1542. Sin embargo, los beneficiarios del sistema, fuertemente organizados, sostenidos por los organismos coloniales, que no vacilaban en precipitar a los predicadores de reformas desde lo alto de los púlpitos de las catedrales, supieron resistir. Para ellos, la voluntad del rey «se obedece, pero no se cumple».

Esto no quita su grandeza a la controversia política y moral suscitada en torno al sistema. Es hermoso para una nación colonial haber tenido un Las Casas, y no haberlo dejado aislado ni sin influencia. La Escuela de Salamanca, con Melchor Cano, Domingo de Soto y Francisco de Vitoria, a mediados del siglo, hizo pasar la discusión del plano humanitario al plano jurídico del «derecho de gentes». Otros teólogos, como Sepúlveda, respondieron por el argumento de la razón de estado y de la imperfección de las obras humanas. Ocurrió también que las costumbres comunales precolombinas, las de los incas en particular, sedujeron a ciertos espíritus religiosos, y las agrupaciones de indios —las «reducciones»— pudieron tomar localmente —como en el caso de los jesuitas del Paraguay— el aspecto de un comunismo de aldea, autoritario y teocrático.

A veces, la inadaptación de la práctica a la ley tuvo consecuencias afortunadas. Así sucedió con las prohibiciones de las censuras inquisitoriales, que no pudieron impedir que las bibliotecas americanas se llenasen de obras profanas, y que el Nuevo Mundo participase en la actividad intelectual del Siglo de Oro. Aún nos asombran las bellezas de las ciudades coloniales. Resulta más difícil medir la extensión y profundidad reales de la hispanización lingüística y de la cristianización. El sustrato indio permanece aún. No se buscó sistemáticamente la destrucción, ni la segregación, ni la asimilación de razas. La masa de mestizos es enorme. De todo este complejo nacerán naciones.

Quedan por examinar los resultados materiales de la obra, en las Indias y en la metrópoli. Se impone hacer constar que el hecho colonial español fue agente decisivo en la transformación económica de que nace el mundo moderno... Este hecho creó el primer «mercado mundial» y ofreció al desarrollo de la producción europea una cobertura monetaria cada vez más abundante y barata. Ya veremos cómo este mecanismo concluyó por excluir a España de ese desarrollo del capitalismo. Su decadencia hizo que los hombres del siglo XVIII y del XIX creyeran mediocre la obra de los colonizadores. Sin embargo, Humboldt había ya mostrado que las mayores transformaciones en el sistema vegetal y animal del mundo databan de la colonización española. Desde 1495 se estimuló una emigración de agricultores y artesanos, aunque la atracción fuese la del oro y los metales preciosos. Cada convoy cargó espontáneamente granos y parejas de animales, que fueron origen de todos los campos de trigo y de todos los rebaños de América. Hubo una era legendaria de cuidados apasionados por las plantas en maceta y las simientes de frutos cuidadosamente recogidas. Los más arrogantes conquistadores, como Pizarro, sembraban y plantaban, hacían diques en los ríos y edificaban molinos. Gracias al clima, algunos éxitos fueron tan rápidos (sobre todo en casos de ciertos rebaños) que, pese a la proximidad de las minas, se desplomó el precio de carnes y cueros. Todo no fueron éxitos, también hubo quiebras (la seda, por la competencia de Extremo Oriente). Pero los ingenios de azúcar de las Antillas y del Bajo México fueron origen de inmensas fortunas. Sabido es que el movimiento América-Europa no fue menos importante: incluso si se consideran las «revoluciones» del maíz y de la patata como relativamente tardías, puede decirse que el horizonte agrícola de Europa se transforma en el siglo XVI con el conocimiento del Nuevo Mundo.

Tratándose de los metales, no hay que olvidar tampoco los matices regionales y los matices cronológicos.

Regiones hubo, como Paraguay, que se encontraron tan desprovistas de medios de cambio que los tejidos y las herramientas, venidos de Europa, tuvieron que hacer las veces de moneda durante casi todo el siglo XVI, al mismo tiempo que México y Perú proporcionaban, a partir de 1550, casi todo el metal precioso que inundaría Europa.

Cronológicamente, no se puede confundir el período en que los conquistadores, siguiendo el ritmo de su suerte, envían a Europa el oro de los palacios saqueados y de las poblaciones expoliadas, y la época en que, una vez descubiertos los filones mexicanos y «la mesa de plata con patas de oro» del Perú, los colonos se convierten en empresarios ávidos de mano de obra, y luego en hábiles ingenieros.

En Nueva España (México), las minas y las grandes posesiones agrarias se disputan el trabajo de indios y mestizos. En el Perú, donde las tierras cultivadas son escasas y el campesino está vinculado a la tierra por las costumbres ancestrales, hay que organizar la migración de los «mitayos» (indios sometidos a trabajo forzado) para acumular, a 4.000 metros de altitud, 150.000 mineros y peones. Sin embargo, en ambos casos, pese a la legislación protectora y al esfuerzo de ciertos virreyes, se llegará a producir un descenso de la población que, en los confines de los siglos XVI y XVII, será seguida por una subida bastante brusca de los precios de producción del metal.

Mientras tanto, se habían utilizado ciertos procedimientos técnicos de origen alemán, para trabajar el metal, aplicados en época de Carlos V por especialistas alemanes. Sin embargo, fue solamente hacia 1554-1557 cuando la «revolución» de la amalgama por el mercurio permitió hacer grandes ahorros de combustible y utilizar minerales de bajo nivel. Numerosos españoles participaron en este esfuerzo de mejoramiento minero, desde Bartolomé de Medina, J. Capellin, F. de Velasco, Pérez de Vargas, Arfe, etc., hasta el famoso tratado de Alonso Barba (1640).

De todos modos, el ritmo de llegada de metales a Europa fue acelerándose de 1503 a 1560; los 32 primeros años sólo representan el 37,4 %, y los 10 últimos años el 46,7 %, esto es, 800 millones de maravedises por año en valor nominal. El decenio 1591-1600 aportará 3.000 millones de maravedises por año. Claro es que se trata del máximo; a partir de 1600 el aflujo disminuye, y hacia 1630 la disminución es muy rápida. Además, mientras que entre 1521 y 1530 el 97 % de los valores remitidos lo era en oro, entre 1591 y 1600 hay 87 % de valores en plata. La equivalencia oro-plata pasa de 1:10 a 1:15 en Europa.

Mientras que la colonización española revoluciona así la economía de dos continentes, veamos cuáles son sus efectos materiales sobre la metrópoli. El problema, difícil de resolver, ha sido tratado en sentidos diversos y muchas veces con demasiada rapidez. Para unos, «el oro de las Indias» ha servido por sí mismo para asegurar la hegemonía española. Para otros, es ese mismo oro la causa de la decadencia. En este segundo caso, se sobreestima la prosperidad peninsular en tiempos de Carlos V. En el primero, se admite que la infraestructura geográfica o la psicología castellanas han impedido siempre un esfuerzo productivo de origen interno.

Como siempre, conviene establecer distinciones en el tiempo y en el espacio. Hemos visto, en el siglo xv, un aspecto demográfico, una impulsión agrícola, una especialización en la producción de lanas, una renovación del comercio interior y una participación en el comercio internacional, que han preparado la expansión exterior de Castilla. Este impulso no debe nada a la llegada de metales preciosos, ni a la colonización en general; por el contrario, está situado en sus orígenes. La época de los Reyes Católicos es una época creadora.

A partir de 1503, cuando se publican las ordenanzas organizando en Sevilla la Casa de Contratación (a base del modelo de Burgos y destinada tanto al tráfico con África como al de las Indias), se puede decir que España y, en España, Sevilla «de última extremidad de la tierra pasan así como su centro» (así se expresa fray Tomás de Mercado, gran analista de los cambios y de la prosperidad sevillana).

Los doctrinarios del liberalismo han criticado mucho este monopolio sevillano (que, sin embargo, no tenía nada de un monopolio de estado, contrariamente a lo que fue el comercio portugués de especias). De hecho, fue un instrumento de organización eficaz y sin duda adaptado a las necesidades de la época. Sevilla no fue solamente un vivero de burocracia y especulación; fue, al mismo tiempo, un puerto regional, nacional, colonial y mundial. El propietario andaluz vendía allí sus vinos y su trigo, lo mismo que toda casa de comercio europea de alguna importancia tenía allí su representante.

Verdad es que los genoveses tuvieron papel decisivo en los comienzos del tráfico, y que, a fines de siglo, el comercio extranjero consiguió dominar. Pero el comercio español no desapareció de repente. Hasta 1560, Medina orientaba mercancías y crédito, tanto hacia Lisboa como hacia Sevilla, compensando, incluso para los paños catalanes, la pérdida de los mercados mediterráneos y orientales.

Entre 1532 y 1552, la banca sevillana —la de los Espinosa, Iñíguez, Lizarrazas, Negrón, Morga—, según fray Tomás de Mercado, «abarca un mundo y abraza más que un océano». Desgraciadamente, añade fray Tomás, «a las veces aprieta tan poco que da con él todo al traste». Pero esto es una realidad de la segunda mitad del siglo XVI.

Entre tanto, hay que considerar siempre que el «fabuloso metal» venido de las Indias *se cambia contra algo*. Sin duda, contra muchos productos extranjeros, y cada vez más. Pero en primer lugar contra granos, harina, vino, aceite, caballos, producidos en Andalucía. La brusca demanda de los colonos, a precios inauditos, y luego de aquellos que en España comparten los beneficios coloniales, explica una subida de precios por otra parte muy dispersa: el vino sube más y más de prisa que el aceite, y el aceite más que el trigo; de ahí vienen los viñedos de Jerez y los olivares de Jaén. El desarrollo de la producción de sedas asegura al reino de Granada, bajo Carlos V, relativa estabilidad interna; la cuestión morisca se arregla entonces por un compromiso. En Valencia la seda crea lo que se dice «otra India»; viñedos y arrozales también progresarán allí.

Con respecto a la industria, no se atreve uno a tomar las cifras que los arbitristas del siglo XVII atribuyeron, por nostalgia, a los gremios textiles de Sevilla, Toledo, Cuenca y Segovia. Pero el apogeo de la producción artesanal bajo Carlos V es algo indiscutible. La metalurgia vasca nace en el mismo momento. Las construcciones navales despoblaron de arbolado las costas valenciana y catalana. El crecimiento de las ciudades, según los censos llamados «de Tomás González», demuestra una actividad comercial e industrial atractiva, dentro de una demografía todavía dinámica, ya que, pese a la emigración para ultramar, no hay despoblación rural antes de 1565-1575.

Aunque la reconstitución histórica de este apogeo interno esté retrasada con relación a la llegada de metales y del tráfico atlántico (hoy excelentemente conocidos), se puede situar en la época de Carlos V la conclusión del desarrollo espontáneo empezado en tiempos de los Reyes Católicos, y acentuado bruscamente por los éxitos del descubrimiento de América.

Más delicado resulta pronunciarse sobre el ritmo de este impulso en tiempos de Felipe II. Un memorial que merece ocupar un puesto entre los grandes textos mercantilistas, el memorial de Luis Ortiz, analiza los dos grandes factores de la decadencia futura, ya en 1558, inmediatamente después de la gran quiebra de la hacienda pública española. Esos factores son: el desequilibrio de los precios interiores y de los precios exteriores, y los gastos del estado pagados fuera del reino.

¿En qué época dichos factores han determinado efectivamente la decadencia? Sería absurdo querer fijar una fecha exacta. Señalemos tan sólo que, a partir de 1560, la subida de salarios anula, para las empresas españolas, el beneficio de la subida de precios; que Medina declina; que las quiebras se multiplican, mientras estallan disturbios interiores, como la rebelión morisca.

Pero sólo después de 1600, al coincidir la catástrofe demográfica —la peste de 1600— con la relativa disminución del ritmo de llegada de metales de Indias, el Estado español se ve obligado a acuñar una mala moneda de cobre, a pasar de «la edad de oro» (o por lo menos de plata) a «la edad de bronce».

Entonces, la decadencia económica será evidente para todos. Y, sin embargo, el «Siglo de Oro» —el gran impulso intelectual— se prolongará aún.

APOGEO ESPIRITUAL. EL SIGLO DE ORO

El «Siglo de Oro» de la civilización española fue todo un proceso de florecimiento y no un estallido brusco. El siglo xv lo preparó, mediante los progresos de la lengua, el desarrollo de los géneros literarios originales y los refinamientos del arte plateresco. Isabel recabó el concurso de sabios, favoreció la importación de libros de estudio y la imprenta, y dio a la universidad de Salamanca, con sus setenta cátedras, gran impulso renovador. Cisneros fundó la de Alcalá. Conocida es la difusión que tuvo la Prerreforma española y el humanismo de un Luis Vives. Y la Contrarreforma fue dirigida por espíritus elevados. Además, el universalismo católico no se expresó aquí, como en el clasicismo francés, por otras fórmulas universales tomadas del espíritu antiguo; el acento *medieval*, el acento *nacional* y el acento *popular* no dejan jamás de presentarse. Vivaz y diverso, el «Siglo de Oro» no sirve de expresión solamente a reducidas selecciones, sino a la sensibilidad general de la nación.

En primer lugar está la estirpe mística, que se anuncia con los primeros inventores de ejercicios espirituales: García de Cisneros, maestro de san Ignacio, Ibáñez, confesores de santa Teresa, Alonso de Madrid, Juan de Ávila, Pedro de Alcántara. En grado menor, nos da al dulce fray Luis de León, y en su más alto grado a santa Teresa y san Juan de la Cruz, en quienes la vida mística encuentra perfecta expresión verbal.

El lenguaje místico posee su correspondencia en arte. Un griego hispanizado compone en Toledo una síntesis del hieratismo de los bizantinos, de las últimas audacias del Tintoretto y de la exaltación castellana. Su ciencia de las formas puras hace de él uno de los maestros del arte actual. Pero esas formas tienen una fuerza reveladora. Cuando en la capilla de Santo Tomé se contempla *El entierro del conde de Orgaz*, la simetría del orden celeste y el orden terrestre, la proyección hacia arriba de las figuras, la densidad de las fisonomías, nos ponen en contacto inmediato con la vida interior de toda una época. Es el Greco quien encarna el Siglo de Oro.

Pero los años místicos no ignoraron el esfuerzo de la inteligencia. Desde hace tiempo (quizá con algún exceso), Menéndez Pelayo ha hecho justicia a los sabios del Siglo de Oro español. Técnicos, médicos, astrónomos, botánicos, filólogos como Nebrija y Arias Montano, historiadores como Zurita o Mariana, se suceden desde mediados del siglo xv a mediados del siglo xvii, con un máximo de actividad hacia 1580. En materia de economía, la «decadencia» inspirará las mil especulaciones de los «arbitristas», pero el alza de precios, hacia 1550, sugerirá ya, a Saravia de la Calle una teoría de los precios, a Martín de Azpilcueta la primera manifestación de la teoría cuantitativa del dinero, a Tomás de Mercado una muy moderna interpretación del cambio internacional.

Intelectuales y racionales son también las obras de un Suárez y de un Vitoria. Sobre el fundamento de los poderes y del derecho de gentes, dedujeron completamente de premisas teológicas una doctrina política donde aún hay quien pretende inspirarse en la época actual, aunque probablemente el latín alambicado de Suárez sea poco familiar a los publicistas, que de tan buena gana parecen invocarlo. Pero esta incidencia contemporánea tiene su interés.

La propia literatura no está exenta de sutilidad intelectual, sobre todo en el siglo xvii, en que la pasión y la amargura de Quevedo, la mística de Calderón y la sensibilidad poética de Góngora tomarán un giro cerebral. Tradición conceptista, muy española por otra parte, de la que participan incluso Cervantes y santa Teresa.

Y, sin embargo, jamás las especulaciones de una «élite» reducida ahogan en España la vitalidad popular en materia de arte. Oratoria religiosa, teatro, danza y canciones conservan la función que tenían en la Edad Media. La espiritualidad del siglo se manifiesta en las obras, tan difundidas, de fray Luis de Granada, y puede que aún más en las de esos escultores en madera polícroma, discípulos de Berruguete, generalmente barrocos, a veces bruscamente clásicos, y en las de sus imitadores, los maestros de los pasos de procesión y de los altares de aldea, de rostros sanguinolentos y atormentados. Igualmente, a las construcciones políticas de un Suárez responden psicologías ingenuas, pero llenas de vida: libertad, honor, moral de «cristianos viejos», capaces de oponerse violentamente a la tiranía y de apelar al rey contra las injusticias locales. Con el advenimiento de algunos genios —un Lope de Vega, un Cervantes, un Velázquez— será posible la síntesis entre esas tradiciones nacionales profundas y los grandes impulsos místicos e intelectuales.

El teatro esquematiza en el auto sacramental el «misterio» de la Edad Media. Mezcla, sobre todo con Lope, el puro lirismo, la intriga culta o convencional, las afirmaciones doctrinales, religiosas y patrióticas, a veces casi revolucionarias, cuando los desenlaces clásicos de *Fuenteovejuna* o de *Peribáñez* exaltan la resistencia a la tiranía.

Cervantes tiene un genio menos confuso. Su propia vida es una síntesis española. Soldado en Lepanto, cautivo de los moros, liberado por una cofradía, funcionario más o menos escrupuloso del rey, católico fiel, pero de dudoso conformismo (puesto que también era hijo del Renacimiento), medita sobre su país y su tiempo. Grandeza y exaltación espirituales llevadas al extremo, sin que se haya agotado la fuente de buen sentido popular, edificio arruinado en el arranque del mundo; y he aquí cómo las oposiciones adquieren vida: Quijote-Sancho, idea-realidad, individuo-sociedad concreta. Como Cervantes posee el genio cómico, esto hace reír. Como tiene el sentido de los matices, las oposiciones resultan aquí compenetraciones. Como tiene el sentido de lo universal, el cuento es filosófico.

Pero es también *nacional*, y válido *en el tiempo*. Don Quijote busca las soluciones medievales en el mundo moderno: cruzada, aventura, mística de un mundo hecho por las armas y poetizado por el espíritu. Es locura, *pero solamente por anacronismo*. Símbolo de Felipe II, y de una España desde entonces ineficaz por inadaptada, la armadura del Quijote, negativa de aburguesamiento, es la chaqueta de Charlot, negativa de proletarización: giros históricos, obras eternas. Cervantes es por adelantado el más sutil de esos «arbitristas», intérpretes de la decadencia. Está en el corazón de la historia de su nación.

Un poco más tarde, Velázquez ofrecerá la visión de una España más cerca del abismo. Como el Greco, este pintor «puro» da un valor de signo a temas quizá convencionales, pero en que, como por descuido, se revelan un paisaje —los fondos de la Sierra—, un último fulgor de la historia —«las lanzas»—, un pueblo —«las hilanderas», «los borrachos», «los herreros de la fragua», «los mendigos»—. Todo esto es, incluso hoy en día, accesible al más humilde español. Baco y Apolo conversando con el campesino andaluz, con el artesano castellano, simbolizan ese arte que bebe sin cesar en dos fuentes: clásica y popular, imaginación y realidad. Pero la inquietud está ahí presente: es la de la degeneración de los de arriba, con los retratos de corte, y la degeneración de los de abajo, con los pícaros y los bobos. Aquí también, el genio expresa la historia, sin ningún sistema, pero con perfecta lucidez.

Sin embargo, la España de Velázquez es todavía prestigiosa; inspira al «gran siglo» francés. Hacia 1650, el castellano es la lengua noble en todas partes. En la Isla de los Faisanes —veamos los tapices de Versalles—, la vieja distinción de la corte castellana anula el lujo sin gusto de Luis XIV y de su séquito. Tendrá que pasar mucho tiempo para que los nuevos ricos, que son Inglaterra, Países Bajos y la misma Francia, perdonen esa superioridad. Y España tendrá la altivez del noble venido a menos. Por el contrario, el Siglo de Oro está destinado a un renacimiento de gloria. Las humillaciones del siglo XIX no tendrán otra compensación, para los intelectuales españoles, que el recuerdo de ese gran pasado. La «generación del 98» destilará su esencia y extraerá hasta el exceso del jugo del Quijote. Otros más jóvenes se volverán hacia Góngora o hacia Quevedo. En todo el pensamiento de la España contemporánea, hallaremos siempre esa presencia del Siglo de Oro.

La decadencia del gran imperio

El amor propio contemporáneo ha ido más lejos. Ha negado la decadencia. «No hay tal decadencia», ha dicho Azorín. El fenómeno, sin embargo, es indiscutible en cuanto a su existencia. Más delicada es su interpretación.

La imaginación ha exagerado el descenso demográfico y de ello ha resultado un rompecabezas estadístico insoluble. Pero la pérdida de población no ofrece ningún género de duda. Ni tampoco la ruina de Castilla, de sus industrias, su ganadería, su monopolio comercial burlado por los extranjeros. La decadencia política puede precisarse y fecharse. Los reyes (Felipe III, Felipe IV, Carlos II sobre todo) son unos pobres hombres. Entre los favoritos, si Olivares, con su «pasión de mando», tiene alguna grandeza, la mayoría está compuesta por mediocres intrigantes. La etiqueta, la corrupción y la intriga afectan a la eficacia del poder central. Y la propia unidad nacional resulta comprometida. Ya hemos señalado la fecha crítica: 1640. Portugal se pierde. Cataluña, también sublevada, será vencida, pero de 1700 a 1714 renovará su tentativa. Fuera de la Península, el desmoronamiento es irreparable. La alianza austríaca, contra un Richelieu o un Mazzarino, no es sino un semillero de fracasos. Los tratados de 1648 registran la libertad de las Provincias Unidas, la pérdida del Artois y de las plazas flamencas. El tratado de los Pirineos desgaja del territorio español la Cerdaña y el Rosellón. El Franco Condado y otros fragmentos de Flandes se pierden en la lucha contra Luis XIV. Por último, cuando éste acepta el trono de España para su nieto, las consecuencias de la guerra son demoledoras: pérdida de los Países Bajos católicos, del Luxemburgo, de las posesiones italianas. Menorca, Gibraltar, y felices convenciones marítimas señalan las ventajas obtenidas por Inglaterra sobre su rival en el dominio naval. La fecha de 1713 designa el punto bajo de una curva. ¡Qué caída desde 1580!

Montesquieu compara esta caída con la decadencia romana. Pero la hegemonía está aún cercana y las interpretaciones extranjeras pecan de cierto espíritu denigratorio. «Causas de la decadencia» y «leyenda negra» se superponen a menudo unas a otras. Y la reacción contra la «leyenda» es raramente objetiva. Aún estamos lejos de poseer el estudio serio que describa la interacción continua de la crisis económica y del desgaste social, de la psicología colectiva heredada de un pasado remoto y de las responsabilidades políticas propiamente dichas. Aquí nos limitaremos a señalar los problemas planteados.

La caída demográfica es evidente, pero está mal explicada. ¿Hay miseria por despoblación o despoblación por miseria? No parece que haya habido despoblación antes del último cuarto del siglo XVI. Y la emigración a ultramar no representa una cifra aplastante. Pero ¿y la calidad? Se trata de una emigración masculina en su 90 % y formada por elementos muy activos.

El golpe definitivo asestado contra la demografía española es el de las pestes de 1599-1600. No porque sean más graves que otras plagas clásicas. Las ciudades se despueblan sin que los campos se pueblen. Aquí debe dejarse sentir la ausencia de los elementos jóvenes y activos que han emigrado.

Pero, ¿cómo explicar en cifras las tendencias de clases enteras —en particular, segundones arruinados por el mayorazgo— a adoptar soluciones de vida demográfica y económicamente estériles: «iglesia, mar, casa real»? ¿Y cómo evaluar el número de «estudiantes», vagabundos, mendigos y domésticos, cuya vida picaresca tampoco favorece en nada a la producción ni a la población?

La opinión pública sentía tan bien estas debilidades de la demografía castellana, que uno de los grandes argumentos en favor de la expulsión de los moriscos (1609) fue que éstos se multiplicaban más rápidamente que los cristianos viejos, porque no daban ni religiosos ni soldados. Hoy en día disponemos de cifras que confirman esa opinión «vulgar». Las aldeas moriscas valencianas, en el siglo XVI, crecían más rápidamente. Y aunque Hamilton, partiendo del estudio de los salarios, haya puesto en duda la importancia económica de la expulsión de los moriscos, la cifra de los que fueron expulsados de España no es inferior, según los últimos estudios, a 500.000 —en Valencia, la tercera parte de la población de lo que había sido el antiguo reino—. Se comprende que este hecho no podía ser indiferente.

Los innumerables analistas de la decadencia, entre 1600 y 1680, han colocado siempre en primer lugar el fenómeno demográfico; si sus interpretaciones son discutibles, la decadencia que comprueba no es dudosa.

El fenómeno económico es también cada día mejor conocido y analizado. Además, las tesis modernas confirman en líneas generales la de Cantillon, con la que coincidían la mayoría de los economistas españoles de los siglos XVII y XVIII: la inflación de los medios monetarios, los beneficios coloniales (en particular mineros), combinándose con el enrarecimiento de la mano de obra (emigración, ejército, multiplicación de servicios no productivos), hicieron que subiesen rápidamente los precios de costo españoles —sobre todo andaluces y castellanos—

por encima de los productos extranjeros; hacia 1620, la eliminación de la empresa española, en el mercado mundial, estaba consumada.

De este modo, el fenómeno de inflación, momentáneamente excitante para la economía, se convierte en destructor. De hecho, el metal precioso, verdadera «cosecha» anual de España, fue exportado contra importaciones en masa. La fecha del cambio de coyuntura no está bien precisada. Pero, como ya hemos dicho, la mala moneda —el vellón— expulsó definitivamente a la buena por los años 1600-1610.

El fenómeno social es más complejo. Todas las clásicas «causas de decadencia», tradicionalmente expuestas —alza de precios, alza de salarios, desprecio del trabajo manual, exceso de vocaciones religiosas, expulsión de disidentes religiosos, emigración, abandono de la agricultura, vida picaresca, etc.—, no representan, en verdad, sino aspectos diversos de una misma realidad. Todas son, al mismo tiempo, *causas y efectos* en la «crisis general» de una sociedad, donde se entrelazan de manera inextricable los elementos económicos, políticos, sociales y psicológicos.

Lo que está en crisis es el *imperialismo español* y lo que había conservado de específicamente *feudal*.

La «conquista» fue hecha por los castellanos como antes la «reconquista». Obteniendo tierras, tesoros y el servicio de los hombres.

¿Podía este tipo de imperialismo lanzar una economía moderna? Los hombres que habían propulsado el descubrimiento por razones *económicas* eran genoveses, flamencos, judíos, aragoneses del séquito de Fernando. Pero el monopolio y las condiciones demográficas hicieron de la «conquista» un asunto de los hidalgos de Extremadura, de los ganaderos de la Mesta, de los administradores sevillanos. Los beneficios no fueron «invertidos» en el sentido capitalista del término. Los emigrantes favorecidos por la fortuna soñaban con compras de terrenos, con construcciones de castillos, con tesoros. El teatro y *Don Quijote* reflejan esta actitud, tanto del campesino como del hidalgo. Una obra a la gloria de Madrid demuestra del siguiente modo su nobleza: todas las ciudades trabajan para Madrid, que no trabaja para ninguna. Doctrinas recientes hay que han considerado como un título de gloria esta *inadaptación de España al capitalismo*. Pero ella fue quien condenó el país a la ineficacia.

Por otra parte, no hay que considerar en esta psicología un rasgo determinante. Si la inflación de medios monetarios no hubiera aniquilado a la empresa castellana y hundido a la banca sevillana, destruyendo los gérmenes de burguesía, todo hubiera podido transformarse. Pero la España del siglo XVI, por posición y por coyuntura, tuvo que dejar a las naciones del norte de Europa la tarea de desarrollar las consecuencias de la revolución hecha posible gracias a los descubrimientos.

Hacia 1600, las inmensas deudas de la monarquía española por sus empresas imperiales, los enormes adelantos hechos por todas las clases de la sociedad con la garantía del dinero de las Indias, hicieron de la sociedad española una pirámide parasitaria, donde, por el sistema de censos y de juros (rentas sobre los empréstitos privados y públicos), un solo labrador —nos dice un contemporáneo— debía alimentar a treinta no productores.

Este es el verdadero sentido de la «decadencia».

Y, sin embargo, un último rasgo. ¿No será también la decadencia una crisis de cambio de equilibrio? Del siglo XV al XVII las provincias centrales no sólo han desempeñado función directora, sino que han tenido una población y una producción superiores, un puesto dominante *demográfica y económicamente*. Esa concordancia entre la voluntad política del centro y su fuerza verdadera es un momento excepcional. Pero las debilidades geográficas y la herencia del pasado conducen, después de un triunfo brillante, a una caída que alcanza a todo el país, *en tanto que las partes periféricas no han compensado los efectos de su decadencia del siglo XV.* Por el contrario, dichas regiones (Levante, sobre todo) han sufrido menos de las causas generales de decadencia: emigración, alza de precios, «hidalguismo» en la sociedad, ruina por la burocracia y el impuesto, y tienden a heredar, desde finales del siglo XVI, sobre el eje Barcelona-Génova, la corriente de circulación monetaria Castilla-Flandes, interrumpida por la lucha contra Inglaterra y los Países Bajos. En el siglo XVIII se revelarán como las más aptas para renacer. Y así se establecerá un nuevo equilibrio en que, hasta nuestros días, la demografía y la economía estarán en favor de la Iberia marítima. ¿Se encontrará una fórmula para asociar esta actividad dominante a la voluntad persistente de dirección que se manifestará en Madrid? Ese problema será uno de los más importantes para el nuevo período: la época de los problemas contemporáneos.

Capítulo IV

LOS GRANDES RASGOS
DEL PERÍODO CONTEMPORÁNEO

El siglo XVIII y el despotismo ilustrado

La «historia contemporánea» del pueblo español comienza, en realidad, con sus primeros esfuerzos por readaptarse al mundo moderno. Estos esfuerzos chocan con las fórmulas sociales y los hábitos espirituales que hemos visto nacer con la Reconquista, fijarse con la Contrarreforma y fosilizarse con la «decadencia»; el conflicto no ha terminado, y las crisis recientes no son sino su último episodio. La España del tiempo «de las luces» conoció el primero de esos episodios, que fue quizás el más fecundo.

El resurgir del siglo XVIII: demografía y economía

De 1700 a 1800, la población española pasa de seis a once millones de almas: considerable resurgir humano. Los factores de la decadencia se van borrando: los metales preciosos afluyen a Europa por vías diferentes de España. La política exterior de ésta se limita a fines precisos. Prácticamente, no hay ya persecuciones religiosas ni expulsiones. El propio equilibrio de las clases se modifica, en provecho de las categorías productoras.

Cabe preguntarse si la agricultura, elemento fundamental, se ha transformado bajo dichas influencias. Sería imprudente fiarse del testimonio de Young. Recuerdos concretos de la Cataluña del siglo XVIII revelan una prosperidad rural auténtica. En Castilla, el ataque emprendido por la agricultura contra los privilegios de la ganadería no es pequeña señal de cambio. Las roturaciones de tierras, la «colonización», la creación de aldeas se efectúan un poco por todas partes; y también se reanudan grandes obras públicas.

El movimiento comercial llama más la atención. Las cifras de intercambio aumentan en todos los puertos españoles. En torno a Barcelona, que recobra vida, hay pequeños puertos que arman flotas comerciales; de la navegación de cabotaje y del comercio mediterráneo, pasan al tráfico con América.

La gran conquista del siglo es ese tráfico. Para conquistar el derecho a realizarlo, los gremios mercantiles de los diversos puertos hicieron más que haya podido hacer nunca la influencia de las doctrinas en los ministros. La Real Compañía Guipuzcoana de Caracas concentró el comercio de cacao desde 1728. Luego hubo dos compañías sucesivas de Filipinas y una compañía barcelonesa de las Antillas. En 1778 se generalizó el libre comercio. Cádiz, despojada de ese monopolio, que había heredado de Sevilla, conservó no obstante su prosperidad. Igualmente prosperaba América bajo la intervención de los grandes virreyes: Amat, O'Higgins, los Gálvez, Cevallos. Los comerciantes de Barcelona proponen fórmulas de pacto colonial capaces de favorecer a la industria. Un gran ministro, el conde de Aranda, precisa un plan de federación para prevenir el espíritu de emancipación, cuyo nacimiento preveía por el ejemplo de América del Norte. La idea del imperio político cede su puesto a la idea económica de explotación. Pese a la imperfección del monopolio, y al contrabando extranjero, el siglo xviii —y se olvida con demasiada frecuencia señalarlo— es para España *un gran siglo colonial.*

Constitución de capitales, acopio de materias, población en aumento: la España del siglo xviii se industrializa, al fin; la tradición mercantilista la impulsa también a ello, preconizando la disminución de las importaciones y la «educación popular» (entiéndase por ello artesana y técnica). Además de las manufacturas reales de lujo, las industrias se multiplican rápidamente donde los capitales se constituyen. En Cataluña, el algodón reemplaza a la lana, las innovaciones técnicas siguen de cerca los pasos de las de Inglaterra, una sociedad de comerciantes se asigna por fin la explotación de las posibilidades algodoneras americanas; pequeña «revolución industrial» que sorprendería si no se la vinculase a los dos grandes fenómenos del siglo: renacimiento demográfico y reconstrucción del pacto colonial. ¿Podría España abordar en buena posición el siglo de la industria? Por un instante fue posible creerlo.

El resurgimiento político

Desde 1717 Alberoni había hecho demostraciones de fuerza. La política de familia restauró la influencia española en Italia. En 1739, los marinos españoles hicieron fracasar un brusco ataque de las fuerzas inglesas. El pacto con Francia de 1761 acarreó las decepciones del tratado de París, pero la guerra de América permitió compensarlas: se recuperaron Menorca, la Florida y diversas ventajas coloniales. La atención concedida a la marina por dos buenos ministros (Patiño, Ensenada) había dado sus frutos. Estos éxitos facilitaron la unidad interior. La tradición de los Borbones era centralizadora y la rebelión catalana de 1700 le proporcionó un pretexto para manifestarse. Los privilegios locales desaparecieron. El «regalismo» de los juristas, expresado particularmente por el Consejo de Castilla, sustituyó los viejos organismos autónomos por capitanías, intendencias y audiencias. Sin embargo, si este esfuerzo triunfó fue porque al mismo tiempo supo conciliarse el favor de los sectores dirigentes de las provincias activas. El gremio del comercio barcelonés obtuvo de Madrid, mediante inteligentes relaciones, la protección a las indianas, la supresión de derechos sobre la producción, el renacimiento del Consulat de Mar y el libre comercio con América. En el País Vasco, la élite ilustrada funda la primera Sociedad Económica de Amigos del País, que toda España imita. En Vergara, la «escuela patriótica» exalta la técnica, la industria y el espíritu enciclopedista. Los mejores hombres de estado del «despotismo ilustrado» vienen de las provincias: nobles cultos, como el aragonés Aranda y el asturiano Jovellanos; letrados de origen humilde, como Floridablanca o Campomanes; administradores formados en Italia, Barcelona o Sevilla, como Patiño o Ensenada.

De este modo el centralismo *capta en realidad las fuerzas vivas de la provincia.* La unidad se afirma.

El pensamiento del siglo XVIII español

Y sin embargo, hay cierto patriotismo español que aún desprecia al siglo XVIII. Se habla de siglo «afrancesado». Pero ¿hasta qué punto es verdad? Un Cabarrús, que quisiera «borrar en veinte años los errores de veinte siglos», sólo representa una excepción. Por el contrario, España entera no está en modo alguno detrás de un Diego de Cádiz, que brama contra la nueva herejía con una violencia que trae a la memoria el siglo XV. Lo que sí hay es una mayoría social (hidalgos, bajo clero, campesinos) impermeable a las nuevas ideas, una atmósfera que no las sustenta y una minoría que se abre al espíritu del siglo, *pero con moderación y timidez*. Estas clases «ilustradas» no minan de ninguna forma el poder real; atacan el poderío material del clero, hacen que se expulse a los jesuitas, se mofan de las costumbres devotas, pero respetan el fondo de la religión. Moratín recuerda a Molière más que a Voltaire. Reyes y ministros dejan que la Inquisición decadente incoe procesos de ideología a personajes de elevada categoría. La transformación espiritual tiene sus límites.

Sin embargo, esa transformación existe: la visión totalitaria del mundo se disocia; el pensamiento baja del cielo a la tierra; muy pronto, un padre Feijoo emprende la revisión de falsas creencias; y las grandes obras del siglo tratarán de economía social, manteniéndose a igual distancia de la antigua política teológica y del racionalismo de los «derechos naturales». En este sentido, el pensamiento español del siglo es original: Campomanes, que pasa, a causa de sus ataques contra la Mesta, por uno de los fundadores del liberalismo, publica textos de los arbitristas y saca del mercantilismo sus ideas sobre la industria y la enseñanza; Capmany, buen conocedor de la nueva economía, defiende sin embargo a los gremios; el individualismo agrario, que se afirma contra la Mesta y contra los bienes de «manos muertas», choca no sólo con las costumbres de los campesinos, sino también con los innovadores Aranda y Floridablanca. El respeto a la tradición, a la experiencia y el *espíritu histórico* dan ponderación y sentido de la justa medida a la obra intelectual del siglo XVIII español; pero la privan de ese vigor, de esa seguridad en sí misma que hicieron en Francia el siglo revolucionario por excelencia.

Los límites de la transformación del siglo XVIII

Ya hemos dicho que las postrimerías del siglo anuncian una adaptación de España al capitalismo: entre 1787 y 1797 el número de fabricantes y de comerciantes gana doscientas cincuenta mil unidades a costa de las clases no productoras.

La legislación apoya dicho movimiento: la emprende con las aduanas interiores, los derechos sobre la producción y la importación de máquinas, los excesos de la reglamentación; prohíbe a los gremios la prueba de «limpieza de sangre»; en la agricultura, favorece el cercado de bienes comunales, la venta de tierras reales, la desamortización de bienes de la Iglesia. Esa desamortización debía afectar, en 1805, 6.400.000 reales de rentas eclesiásticas; diez años antes se había propuesto a las familias nobles que renunciasen a sus mayorazgos a cambio de rentas. En la práctica, esas medidas fracasaron ante la extensión de la reforma a realizar. En 1787, había aún en España diecisiete ciudades, dos mil trescientas cincuenta y ocho villas y ocho mil ochocientos dieciocho pueblos sometidos a la jurisdicción de los señores; tres ciudades, cuatrocientas dos villas y mil doscientos ochenta pueblos sometidos al «patrocinio eclesiástico» de las órdenes. Frente a la miseria del campesino se alzan las inmensas fortunas de los nobles. Los propietarios y arrendatarios no son más que novecientos siete mil, frente a novecientos cuarenta y siete mil jornaleros; el problema agrario moderno está ya planteado. Esta pobreza explica el apego de la España rural a las tradiciones comunales y a las instituciones de caridad. Aún había ciento cincuenta mil mendigos declarados. Todas las taras de la decadencia no han desaparecido. Felizmente, Carlos III limitó el nepotismo, la corrupción, la etiqueta; pero los medios provinciales y coloniales, el bajo clero y la nobleza rural continúan apegados a las costumbres antiguas y a las viejas prerrogativas. Y la masa española sigue siendo más sensible a los llamamientos del fanatismo misoneísta que a las lecciones, algo pedantes, es verdad, de los escritores «ilustrados».

Una crisis de circunstancias puede hacer fracasar todo el esfuerzo de un siglo. En espera de Napoleón, la mediocridad de Carlos IV va a prepararla. Hacia 1790, España vacila entre la renovación y la recaída. Momento emocionante que, una vez más, es plasmado por un gran genio. El aragonés Goya, en sus tapices, sus «Juegos» y «Fiestas» muestra la vitalidad, la alegría de su siglo, el sabor popular de las majas y manolas, de las tonadillas de Ramón de la Cruz y de la tauromaquia, considerada por primera vez como un arte. Goya sabe ser el pintor de las sátiras contra la Inquisición, el retratista de los «afrancesados», de Moratín, de los embajadores revolucionarios; el hombre, en suma, de las audacias espirituales. Pero (reminiscencia mística), también pinta *Comunión de San José de Calasanz,* y (reminiscencia medieval) el burbujeo diabólico de los «Caprichos», negros. Goya, como Velázquez, es testigo de la miseria de los de abajo, el pintor de los mendigos y de los tugurios; y de la miseria de los de arriba: en los rostros de *La familia de Carlos IV* está inscrita la decrepitud de otra dinastía.

Los malos consejeros de Napoleón le hablaron solamente de esa decrepitud. Éste no medirá ni la vieja fuerza instintiva del pueblo español, ni la reciente reconstitución de los valores económicos e intelectuales. Pero de estos dos elementos —instinto de resistencia y voluntad de renovación—, que se conjugarán contra él, ¿quién vencerá a quién en el destino de la nación? Éste es el drama de la guerra de la Independencia.

La guerra de la Independencia

Carlos IV había sido un rey mediocre. Su favorito Godoy, apuesto extremeño, que llegó a ser todopoderoso en 1792, a los veinticinco años, gracias al favor de la reina, se reveló como nefasto sobre todo en política exterior. No supo evitar ni animar con fe el conflicto con la revolución francesa. En

Basilea, España perdió Santo Domingo. La alianza francesa que siguió tuvo también malos resultados. Costó a España Trinidad, Luisiana, y por último, en 1805, el desastre de Trafalgar, que, al entregar las colonias a sus propias fuerzas, disociaba el bloque del mundo hispánico: fecha esencial para el porvenir.

Godoy hubiera querido cambiar de casaca. Jena vino a impedírselo. Negoció entonces un reparto de Portugal, que hubiese hecho de él un príncipe heredero. Pero los franceses ocuparon las plazas fuertes de Cataluña y Navarra, al mismo tiempo que Lisboa: la independencia española estaba amenazada. La oposición contra esa política iba creciendo: un complot cortesano intentó sustituir al rey por su hijo Fernando, quien al ser descubierto denunció a sus amigos, mostrando tener un alma bastante cobarde. Pero la opinión creyó ver en él a un héroe y a un mártir. El 17 de marzo de 1808, en Aranjuez, cuando Murat marchaba sobre Madrid, y Godoy y Carlos IV pensaban en la fuga, un motín los derribó y proclamó rey a Fernando. Murat no reconoció el hecho consumado y, mezclando promesas y amenazas, envió a los soberanos a Bayona, para que dirimiesen su querella ante el emperador. Sin embargo, cuando se quiso que abandonasen España los últimos miembros de la familia real, la muchedumbre madrileña, captando súbitamente el sentido de esas salidas sucesivas, se lanzó heroicamente contra los mamelucos de Murat. Era el 2 de mayo de 1808: la guerra de la Independencia había comenzado.

La insurrección y sus caracteres

Lo que nos interesa es el «estilo» de esta insurrección, porque evoca otras visiones más recientes: primer ejemplo de esas tormentas de pasión colectiva que estremecieron varias veces al pueblo español, durante los siglos XIX y XX, alternando con períodos de depresión e indiferencia, y sorprendiendo por ello a todos los gobiernos. Entre el 20 y el 30 de mayo de 1808, Asturias, Aragón y Galicia negaron obediencia a las autoridades que «colaboraban» con los ejércitos franceses. En los primeros días de junio, apenas se supo que José Bonaparte había sido designado como rey, cuando ya los franceses eran derrotados en el Bruch, en Cataluña, y cercados en el Guadalquivir. ¿Complot o fenómeno de unanimismo? Poco importa. El movimiento es profundo; arrastra (lo que es significativo) a todas las provincias y es sensible en todas las clases, aunque el impulso no sea igual en ellas. «Los hombres honrados no me son más fieles que la canalla», dirá José. Así, pues, España afirmó su cohesión, su valor de grupo.

Y, sin embargo, el movimiento no es solamente antiextranjero, sino que prolonga el motín de Aranjuez, expresando un descontento *interior*, y la esperanza en el desterrado Fernando, príncipe de leyenda. Sólo que todos los españoles no insertan estos rencores y esperanzas en la misma imagen. Para unos hay que reanudar la obra del siglo XVIII, e imitar a Francia, a la vez que se le resiste. Para otros, es el absolutismo patriarcal de Fernando la garantía de la tradición; los fueros, el antiindividualismo económico medieval, la íntima unión de lo religioso y lo político, lo que hay que defender. En una palabra, España «liberal»-España «carlista», España «roja»-España «negra», existen ya, conjugadas contra el enemigo y, sin embargo, en profunda contradicción.

El combatiente medio lucha contra el francés «ateo». Una vez más triunfa el agitador religioso. El guerrillero va cubierto de imágenes piadosas. Y la virgen del Pilar «dice que no quiere ser francesa». Sin embargo, este aliento religioso-nacional no es un conformismo pasivo. Los insurgentes de los primeros días manifestaron evidente placer dando muerte a las autoridades; el desfile de los vencedores de Bailén no tranquilizó a la buena sociedad madrileña; la calle acusaba a ésta de pasividad. José ha comparado el movimiento español con el año II francés. Se siente que esa combatividad popular, al servicio de la religión y de la tradición, puede volverse contra ellas. Esa transposición será la historia del siglo siguiente.

La dirección de esa masa recayó, paradójicamente, en la ínfima minoría imbuida del espíritu de «la ilustración». Resulta que el número de políticos españoles capaces de elevarse por encima del nivel de las agitaciones locales es muy poco considerable. Entonces se busca a los hombres del «despotismo ilustrado». El anciano Floridablanca, el escrupuloso Jovellanos deben presidir la Junta Central de resistencia, que sale trabajosamente de las juntas provinciales. Más tarde, se reúnen las Cortes en Cádiz. Se trata ahí de una representación aún más artificial; no hay verdaderas elecciones; abogados, intelectuales, negociantes, «americanos», en su mayoría liberales, legislan en nombre de España. Pero sin ningún contacto, desde Cádiz sitiado, con el pueblo de las guerrillas. En las guerrillas, actos sin ideas; en las Cortes, ideas sin actos, observó una vez Karl Marx. Este divorcio entre la combatividad popular y el personal político seguirá siendo característico del siglo XIX. Otro rasgo de la guerra: España vuelve a su «invertebración», a ese «federalismo instintivo» de que ha hablado Menéndez Pelayo. El alcalde del pueblo de Móstoles declara directamente la guerra a Napoleón. La Junta de Asturias trata con Inglaterra como «alta parte». La constitución de la Junta Central da lugar a curiosas proposiciones *federales*. De hecho, el poder se atomiza. Y esto resulta un obstáculo para Napoleón. Pero Wellington, organizador de una paciente guerra de material, es bastante despectivo sobre la eficacia del método español.

Cierto fariseísmo inglés ha denunciado también, en dicha guerra, «la inhumanidad»; el español lleva la guerra cruel-

mente, como un asunto personal, mediante la venganza del
cuchillo, harto justificada por los atropellos franceses. De la
Edad Media guarda un regusto por lo macabro espectacular,
una tendencia a la alucinación colectiva. Pero ¡qué nobleza
la de un Jovellanos! ¡Qué grandeza la de esas Cortes que legislan para el porvenir en la última milla cuadrada que queda
libre del territorio! ¡Y qué buen humor, qué florecimiento del
ingenio en los epigramas y canciones! España se revela entonces a Europa, al romanticismo, a Stendhal. Y el asombro-
so éxito de esos instantes históricos combate, momentáneamente, su complejo de inferioridad nacido de la época de la
decadencia. Pero, en cambio, no sufre una transformación de
más profundidad.

El fracaso de los intentos constructivos

No hubiera sido ilógico que los españoles «ilustrados», de
tradición cosmopolita y autoritaria, hubiesen esperado de Napoleón un despotismo a lo Carlos III. Sin embargo, una vez
desencadenado el movimiento popular, pueden contarse fácilmente los afrancesados por convicción. Napoleón y José quedaron decepcionados, pues esperaban tener más partidarios.

De hecho, las confidencias de Napoleón justificaban la
desconfianza española. Las reformas no hacían otra cosa que
recubrir el espíritu de conquista. El emperador paralizó las
buenas intenciones de su hermano. Y los generales, mediante
un verdadero pillaje, paralizaron las de los administradores.

La renovación por medio de Napoleón no podía tener
éxito. Pero se podía intentar una renovación *contra* él. Varios
textos de las juntas insurreccionales expresan este pensamiento. Y también es la intención de las Cortes de Cádiz. De 1810
a 1812, la mayoría liberal redujo a la defensiva a los «serviles» de las Cortes, partidarios de la vieja España.

Como en el siglo XVIII, el liberalismo español no vacila en referirse a la tradición y respeta la fidelidad religiosa. Pero ataca al poder material eclesiástico, suprime la Inquisición, impulsa la desamortización de los bienes de la Iglesia. Políticamente, su Constitución transpone los principios franceses: soberanía nacional, división de poderes, libertades fundamentales, cámara elegida por dos años por sufragio indirecto y que debe votar obligatoriamente los presupuestos, rey constitucional provisto del derecho de veto, organización uniforme de los municipios y las provincias. Y sobre todo, el 6 de agosto de 1811, las jurisdicciones de señorío son abolidas, con todos los privilegios «exclusivos, privativos y prohibitivos».

Esa era la conclusión de la evolución del siglo. La crisis parecía cerrarse con la inscripción jurídica de una nueva estructura de la sociedad.

Pura apariencia: la separación entre las Cortes y la nación tuvo sus consecuencias; la obra constitucional quedó ignorada. Pese a la reunión de las Cortes ordinarias, las muchedumbres se impresionaron sobre todo por la derrota francesa y por el regreso del rey. Las intrigas recobraron su brío. La bienvenida del general Elío, una salutación de los diputados «serviles» y las aclamaciones populares de Valencia y Madrid autorizaron a Fernando a anular por completo la obra gaditana, en mayo de 1813. Y a confundir en la represión afrancesados y liberales patriotas. *Fue este el fracaso no sólo de unos cuantos años, sino de todo un siglo.* La masa de la «España negra» triunfaba sobre la minoría «ilustrada». Por último, la guerra había comprometido los fundamentos económicos, y la reacción, los fundamentos jurídicos que hubiesen adaptado España al siglo económicamente capitalista y políticamente liberal. En el occidente europeo, el anacronismo español permanece intangible.

Los balbuceos del siglo xix

Pintoresca o fastidiosa, según el tono que se adopte, la historia política del siglo xix español no es sino un encadenamiento de intrigas, comedias y dramas. La resumiremos brevemente y luego deduciremos de ella algunos de sus rasgos.

El siglo XIX político (1814-1917)

Fernando VII (1814-1833). — Este reinado se caracteriza por la brutalidad y la mediocridad del poder. Se acentúa el fracaso de la renovación intentada en 1812 y el imperio se desmorona definitivamente.

De 1814 a 1820 reina una despreciada camarilla de lacayos cortesanos. Generales y guerrilleros se dedican a conspirar. En América, el general Morillo y sus veinte mil hombres, que aterrorizan Bogotá, no logran impedir la emancipación de Colombia.

Entre 1820 y 1823 se sitúa un célebre intermedio. En Cádiz, siempre agitada, triunfa una conspiración en el seno de un cuerpo expedicionario colonial. El coronel Riego recorre Andalucía, proclamando la Constitución de 1812. En el momento en que va perdiendo fuerzas, surge otra rebelión en Galicia. El rey, asustado, acepta el 10 de marzo la Constitución. Las clases burguesas acogen bien el retorno de los «hombres de 1812». Pero los «exaltados» se agitan en Madrid. Los moderados caen. En Urgell, se forma una regencia absolutista intransigente, «apostólica». El rey no desea más que asustar a Europa. En Verona, Chateaubriand pide la intervención. «Cien mil hijos de San Luis» atraviesan España. Los generales esquivan el combate. Fernando, restablecido en todos sus poderes, suprime completamente la legislación liberal.

De 1823 a 1833 transcurre la «ominosa década», según la fórmula de la tradición liberal. Riego y sus amigos son ejecutados. En 1825 se fusila al más popular de los guerrilleros, el Empecinado. En 1826, a los Bazán. En 1831 a Torrijos, y es ejecutada Mariana Pineda por haber bordado una bandera. Los fanáticos «apostólicos», descontentos a pesar de todo, alzan partidas y ponen su esperanza en el advenimiento de don Carlos, hermano del rey. Pero Fernando, en 1830, tiene una hija de su tercera mujer, María Cristina. Contra esta hija los partidarios de don Carlos invocan la tradición borbónica, la «ley sálica». Fernando, para no desheredar a su hija, tiene que hacer algunas concesiones a los liberales. El poder se vuelve menos duro, la hacienda y la economía se restauran. Pero desde 1824 y la desgraciada batalla de Ayacucho, la esperanza de reconquistar las grandes colonias de América está prácticamente perdida.

La era de los pronunciamientos (1833-1875). — De 1833 a 1840, María Cristina actúa como regente en nombre de su hija Isabel II. Pero don Carlos ha sido proclamado rey por sus partidarios. La «primera guerra carlista» va a durar siete años. Esta guerra afecta sobre todo al norte del país, y a las montañas navarras, catalanas y valencianas. Madrid sólo se ve amenazada una vez, en 1838. Sin embargo, la regente tiene otras preocupaciones. Liberal a la fuerza, quiere gobernar con los moderados: la oposición aumenta. En 1835 una epidemia hace que se desborde en Madrid la cólera popular contra los conventos. Martínez de la Rosa tiene que ceder el poder a Toreno, luego al banquero Mendizábal, con quien el anticlericalismo triunfa momentáneamente. En 1836, en La Granja, los sargentos imponen a la regente la Constitución de Cádiz. Pero María Cristina consigue reemplazarla, en 1837, por una constitución más moderada.

En 1839, cuando «el abrazo de Vergara» entre Espartero y Maroto, la guerra parece terminar, y la regente cree poder afirmar su autoridad. Pero el «progresista» Espartero se pronuncia contra ella en 1840. María Cristina marcha al destierro y el general, «duque de la Victoria», es nombrado regente.

1840-1843. La popularidad del regente es breve. Gobierna con una camarilla, fusila a los generales sublevados y bombardea Barcelona después de un levantamiento. Desde entonces, Espartero no es ya más que «el ayacucho» (alusión a su papel colonial bien poco glorioso). En 1843, la agitación crece en las ciudades; los moderados (generales Narváez y Concha) vuelven del exilio. Espartero se embarca para Londres, no sin antes bombardear Sevilla.

1843-1854. Isabel es proclamada mayor de edad y utilizada por los moderados contra los progresistas. González Bravo, y luego Narváez, forjarán los instrumentos de la autoridad: en 1843, la guardia civil; en 1845, una constitución muy favorable al poder ejecutivo. En 1848, Narváez se adelantó a impedir la revolución, mediante una operación sangrienta. En 1847, reaparecieron las guerrillas carlistas.

El matrimonio de la reina suscitó un problema internacional y se resolvió dando a Isabel un marido insignificante. Pero las intrigas de los favoritos se convirtieron en objeto de públicas habladurías. Siguieron otros escándalos: fortuna del financiero Salamanca, corrupción en torno al ministro Sartorius. Habiéndose retirado Narváez, en 1851, ante este personaje de dudosa moralidad, se produjo la reacción en forma de pronunciamiento de progresistas y moderados, generales y políticos: esto fue la «vicalvarada» de 1854 (a causa del combate de Vicálvaro), que puso de moda a un nuevo general, O'Donnell, e hizo reaparecer a Espartero.

1854-1868. Este duunvirato fue corto. Los dos personajes, desbordados por las agitaciones populares de Andalucía, fueron sucesivamente eliminados por la reina. De 1856 a

1868 alternaron Narváez y sus moderados con O'Donnell y su centroizquierda (Unión Liberal). Pero fueron naciendo los partidos democráticos: republicanos de Castelar y Salmerón, federales de Pi y Margall. Y los incidentes exteriores (Marruecos, Chile, México) hicieron entrar en escena a otros generales: Serrano y Prim. Este último, siguiendo la tradición progresista, intentó siete pronunciamientos en espacio de cuatro años. El poder se desgastaba. Narváez y O'Donnell murieron en 1868. La reina era unánimemente considerada como «insoportable», a causa de su vida privada. González Bravo quiso reprimir la agitación y se hizo odioso. Flota, guarniciones y juntas locales proclamaron, en septiembre de 1868, las «libertades fundamentales» y el sufragio universal. Serrano, a quien tomaron por jefe, batió a las tropas de la reina, que se refugió en Francia.

1868-1875. Serrano y Prim, gobernantes provisionales, convocaron a Cortes. Éstas fueron brillantes y votaron una constitución muy democrática, pero monárquica. Mas fue difícil descubrir un rey. Y el mismo día en que llegó Amadeo, hijo del rey de Italia, cuando hubo aceptado el trono, Prim cayó asesinado (30 de diciembre de 1870). El rey, solo, se cansó de una situación difícil: rivalidad Sagasta-Ruiz Zorrilla, reanudación de la guerra carlista, agitación social de «La Internacional». Al fin, abdicó, y fue proclamada la República el 11 de febrero de 1873. Su tendencia fue federal, y su primer presidente Figueras, al que siguió Pi y Margall. Pero la influencia anarquista transformó el federalismo en «cantonalismo», y los cantones se proclamaron independientes. Pi se retiró para no tener que utilizar la violencia represiva. Tampoco Salmerón quiso aplicar la pena de muerte. Con Castelar, que le reemplazó, llegó al poder la república unitaria y autoritaria. Demasiado tarde. El 3 de enero de 1874, el general Pavía disolvió las Cortes por la fuerza. Una dictadura provisional preparó la Restauración en favor del hijo de Isabel, Alfonso, que vino de Inglaterra escoltado por un preceptor de experiencia: Cánovas del Castillo, «conservador-liberal».

La Restauración (1875-1917). — Consideremos la Restauración hasta la fecha de 1917, en que se abren las crisis contemporáneas. El conjunto del período se caracteriza por el ejercicio alterno del poder —«turno político»— de los dos grandes partidos, conservador y liberal, rodeados de dos oposiciones, más que nada teóricas: carlista y republicana.

De 1875 a 1885, se acaba la guerra carlista y una constitución hábil asegura el poder a los jefecillos o caciques en el plano local, y el «turno» de los dos partidos en el plano nacional. El gran hombre fue Cánovas. En 1885, el rey murió prematuramente. La reina, que ya esperaba un hijo, se hizo cargo de la regencia.

De 1885 a 1902, los partidos habían establecido una tregua; el personaje dominante fue el liberal Sagasta. La discreta dignidad de María Cristina fue muy apreciada, pero sobrevino un desastre. La represión contra el autonomismo de Cuba y la rebelión de Filipinas fracasó, y la intervención de los Estados Unidos reveló a España su auténtica endeblez. Este fin del imperio, en 1898, suscitó la oposición de los intelectuales y de las regiones activas (Cataluña y País Vasco). Hubo que pensar en grandes cambios.

De 1902 a 1917, bajo el reinado de Alfonso XIII, esta tensión se agravó. El conservador Antonio Maura fue un político de talla, pero se hizo odiar. El liberal Moret se contentó con intrigas de corto alcance. Los problemas más graves se plantearon en Cataluña, por el anarquismo obrero y el regionalismo intelectual y burgués. En 1906 se presentó a las elecciones la «Solidaridad Catalana». En 1909, una movilización de tropas para Marruecos hizo que estallase en Barcelona «la semana trágica», que concluyó con la ejecución de Ferrer acusado de responsabilidad ideológica. Maura sufrió entonces una repulsa absoluta, que tuvo por consecuencia el acceso al poder del liberal Canalejas. Éste actuó enérgicamente de 1910 a 1912, intentando resolver el problema marroquí, limitar el poder del clero y ofrecer a los catalanes la «Mancomunitat», órgano de autonomía parcial. Pero Canalejas cayó a su vez, víctima de un anarquista. Romanones y García Prieto alternaron entonces con Dato, rival de Maura en el seno del partido conservador. Vino la guerra europea. Germanófilos y aliadófilos (salvo excepción, derecha e izquierda, autoritarios y liberales) se enfrentaron. La neutralidad fue conservada, pero la carestía de la vida y el papel cada vez más importante desempeñado por las masas industriales acabaron por producir, en 1917, una grave crisis, episodio inicial de los trastornos contemporáneos.

La vida política española en el siglo XIX

Vacilante y versátil, la vida política española del siglo xix queda en la *superficie* de la sociedad. En el siglo xx, las cuestiones a dilucidar serán más graves y las masas se lanzarán más a fondo. Pero las costumbres adquiridas desempeñarán gran papel: es útil conocerlas.

Los *soberanos* no asumieron la función directiva que España les ofreció en 1813.

Fernando VII siguió siendo el pobre intrigante de 1808, instrumento de consejeros mal escogidos, cediendo ante el miedo y cruel por venganza. María Cristina tuvo otras capacidades, pero liberal por posición tuvo que ser taimada con los mismos que la apoyaban, y, blanco propicio a las maledicencias carlistas, fue fácil objeto de epigramas a causa de su matrimonio con el guardia de corps Muñoz (hubo que dar título y dote a siete hijos). Isabel fue peor; haciendo y deshaciendo, no sin doblez, los ministerios «al compás del rigodón», ofreció a carlistas y republicanos, a causa de su vida privada, aún mayor número de ocasiones para indignarse o reírse. Verdad es que una revolución decepcionante valorizó después la discreción de Alfonso XII y la dignidad de la segunda regente; demasiado poco para que la monarquía saliese indemne del desastre colonial. Por último, Alfonso XIII, personalidad más fuerte, buscó su prestigio en su juventud, su ironía, su «casticismo» español un poco teatral. Sin embargo, prefirió el poder al oficio, y los «secretos» a las responsabilidades. A partir de 1920, hay un hecho que se impone; como antaño su abuela, Alfonso XIII había llegado a ser «insoportable» para el pueblo español.

De esta manera, mientras los monárquicos de corazón seguían hipnotizados por la solución carlista, la rama discutida no había adquirido de parte de las masas ese respeto que da solidez a la monarquía en Inglaterra o en Suecia. A través de las crisis contemporáneas, la monarquía no pudo nunca llegar a ser en España un símbolo útil de la comunidad.

Constituciones y parlamentarismo. — Verdad es que tampoco cristalizó la tradición democrática: los textos constitucionales que entusiasmaron (los de 1812 y 1869) sólo tuvieron breves momentos de aplicación. Los otros (1834, 1837, 1845, 1856) fueron compromisos impuestos. El de 1876 fue más duradero. Admitió el sufragio universal en 1890 y reguló el juego político hasta 1923. Pero este parlamentarismo no pudo resolver las crisis graves: en realidad, no era la expresión del país.

No quiere esto decir que el parlamentarismo repugne al espíritu español. Al contrario, la «élite» española tiene acentuada afición a la idea jurídica y sutilidad constitucional. Y la oratoria política, del verbo florido de Martínez de la Rosa al verbo cálido de Castelar, le inspira más admiración que las cualidades de gobierno. El gran público tampoco deja de apasionarse por los discursos de las «estrellas» parlamentarias y asiste a sus luchas oratorias como a un espectáculo embriagador.

En verdad, el siglo xix español ofreció más comedias que dramas: conspiraciones, intrigas y a veces corrupción. Ésta raramente alcanzó a los grandes políticos. Pero su clientela no era pura: los escándalos municipales de las grandes ciudades fueron cosa corriente. Bajo la Restauración, el «turno» político llegó a implicar el cambio alternativo de personal en la sinecura administrativa. La función pública llegó a ser beneficio y no oficio. El pueblo comparó la política a una chuleta en que a cada lado le corresponde su vez de estar al fuego. Los humoristas han descrito el tipo social del cesante, funcionario en disponibilidad, que espera la vuelta de «los suyos» dando paseos por la Puerta del Sol. En provincias, el especialista y beneficiario de la actividad política es el cacique: senador de pequeña ciudad o agente electoral de aldea, debe su función a la tradición familiar o a la extensión de un hecho social; en Andalucía distribuye el trabajo y es el «administrador» del propietario. Pero de este modo la elección se ve privada de sentido: el candidato resulta elegido sin competidor, por convención o por fraude; y el elector no tiene un control directo. Las Cortes son como un club donde alternan la discusión académica y la querella presupuestaria o aduanera. El poder, si llega el caso, recurre a la arbitrariedad. La arbitrariedad, decía Unamuno poco más o menos, es el régimen natural del pueblo español, atemperada desde arriba por el pronunciamiento y desde abajo por la anarquía. Desplante, si se quiere, pero que explica por qué aún hoy España piensa menos en rey o parlamento que en ejército o revolución en la calle.

El pronunciamiento. — La ausencia de verdadero problema exterior, la irregularidad del reclutamiento, la incultura de las tropas, impidieron durante mucho tiempo que España tuviese un ejército popular. El oficial contaba más que el soldado y la tropa ordinaria menos que los cuerpos especiales. Sin embargo, no se trata de un ejército de caricatura; 1808, la guerra carlista, las represiones coloniales lo han forjado y adiestrado, sobre todo, para los conflictos interiores. Sin ser una emanación nacional, el ejército es una fuerza capaz de encarnar una política. Un mecanismo clásico se pone en marcha periódicamente: emigrados y sociedades secretas, a menudo la intriga extranjera, confusamente estimulados por un sector de opinión, y sabiendo que los caminos legales están cerrados por la presión gubernamental, eligen a un general. Se trata de un jefe en el destierro, o por lo menos en desgracia. El golpe comenzará, pues, en un puerto o en una plaza alejada. Se leerá un manifiesto a las tropas que saldrán de los cuarteles. Se procederá a efectuar detenciones y a cambiar las autoridades, mientras que enlaces y telegramas conminarán a las otras guarniciones, previamente trabajadas, a pronunciarse en el mismo sentido. Madrid dirá que domina la situación (lo que a menudo es cierto: por siete u ocho pronunciamientos que triunfaron, hubo decenas de ellos frustrados). Pero si la conspiración estaba madura, la resistencia durará poco. Jamás un pronunciamiento ha originado una guerra civil. Hasta 1936, y esto significará un gran cambio.

Mas no se trata de querellas de comedia. Se cuentan por decenas los desgraciados que murieron en el cadalso. Y las venganzas son alucinantes: por oponerse al «golpe de los sargentos», en 1836 fue asesinado el general Quesada; sus dedos cortados sirvieron como cucharillas a sus enemigos en el Café Nuevo.

¿Hay una orientación en tan duras luchas? Al principio los jóvenes oficiales son liberales, masones, innovadores. Más

tarde, el triunfo corresponde a los jefes autoritarios como Narváez. Pero el «general del pueblo», demócrata o que cree
serlo, será un tipo del siglo XIX. La verdadera transformación
se sitúa, sin duda, en 1868-1873; ante la voluntad revolucionaria del pueblo y la nueva ideología de los intelectuales, el
ejército se encuentra empujado cada vez más hacia «el orden»:
orden moral y orden social. Sin embargo, todos los equívocos
no están disipados. Los recuerdos y tradiciones (masónicas,
en particular) hacen aún posible en 1930 un pronunciamiento
republicano, y la sublevación militar de 1936 invocará, ante
ciertos espíritus, la costumbre del golpe de estado «contra
la arbitrariedad». La ilusión no durará y, socialmente, el ejército está ya perfectamente clasificado. Pero puede verse en
qué sentidos tan diversos ha podido jugar la costumbre del
pronunciamiento.

Guerras civiles y motines. — La misma observación puede hacerse sobre las costumbres de agitación espontánea del
pueblo español. Entre ellas se pueden incluir las guerras carlistas; su psicología es la del levantamiento de 1808; las prédicas católicas y absolutistas de los religiosos y jefes locales
conservan el mismo carácter demagógico, ligado aquí a la
defensa de los fueros regionales y de las costumbres comunales agrarias. De los tres focos carlistas (País Vasco, Navarra,
alta Cataluña), dos se han incorporado en la actualidad al
autonomismo democrático. ¿No tiene esto su significación? En
todo caso, las guerras carlistas anuncian lo que había de ser
1936: aldeas sublevadas, odios inextinguibles entre familias,
papel de los militares y del clero en el movimiento.

La agitación andaluza tiene otra naturaleza. Allí las tradiciones seculares han sido despertadas periódicamente por la
miseria y la sed de tierra: repartos de propiedades, talas ilegales de arbolado, incendios de cortijos, matanzas de caciques
o de guardias. En 1856, 1861, 1873, 1876 y 1892 se pro-

dujeron revueltas campesinas, que precedieron a una agitación llamada «comunista» desde su reanudación en 1917-1919.

Por su parte, el motín urbano *precede* a la organización de partidos y sindicatos. En los estallidos de cólera urbanos de 1827, 1835, 1840-1842, 1871-1873, 1909, se reconocen todas las tendencias contemporáneas, que con frecuencia se atribuyen indebidamente a «propagandas» recientes: el atentado social individual existe en Barcelona desde 1830-1840; en 1842 y 1873 se distinguen las tendencias al particularismo federal y cantonalista; por último y sobre todo, de 1835 a 1909, hay una tradición continua de ataque contra conventos y religiosos, a quienes el ánimo popular achaca responsabilidades a veces míticas (como cuando el cólera madrileño), a veces reales (cuando se les acusa de favorecer represiones y contrarrevolución). Con los mismos procedimientos, «la España roja» se revuelve contra «la España negra» de las campañas antiheréticas y de las guerras carlistas.

Para comprender los años 1930-1939, no se pueden ignorar esos *putschs* urbanos, esos motines agrarios, esa alternativa de un parlamentarismo oratorio y jurídico con la costumbre del golpe de estado. Pero, en el siglo xx, los gérmenes de lucha tendrán más virulencia. Los *problemas de fondo* se agravaron entre 1814 y 1917.

LOS PROBLEMAS FUNDAMENTALES

Demografía y economía

Las debilidades españolas del siglo xix no son la decadencia del siglo xvii. No significan pérdida de sustancia humana, sino adaptación difícil a un progreso demográfico constante. En efecto, de unos 11 millones en 1808, la población española pasa a 15,5 millones de habitantes en 1857, a 18,5 en 1900, a 24 en 1935: rápido ascenso para un país pobre. España llega, con el siglo xx, a una *densidad crítica,* que exige una nueva fase de técnica y economía. Sucede entonces que los modos posibles de adaptación —intensificación agrícola, industrialización, imperialismo— exigen capitales, espíritu de empresa, bases coloniales, elementos que España, después de haber estado a punto de constituirlos, perdió en la crisis con que empieza el siglo xix. Habrá, más bien, una adaptación *desigual*: la España agraria pondrá obstáculos materiales, jurídicos y psicológicos al capitalismo, y la España industrial tendrá que acogerse, para poder vivir, a un proteccionismo rápidamente gravoso para la mayoría rural del país. El problema no tiene gravedad mientras el progreso agrícola precede al ritmo demográfico: en el primer tercio del siglo, el espacio cultivado pasa de menos de 3 a más de 5 millones de hectáreas. En 1829, España exportaba trigo; pero los límites de esta solución aparecieron rápidamente.

Los problemas agrícolas

Técnica y economía. — La España seca (mesetas y cuencas) no ha practicado nunca más que el cultivo extensivo: *dry-farming* espontáneo, adaptado al clima, pero que significa cosechas espaciadas y rendimientos mínimos. Por añadidura, la ganadería fue dominante durante mucho tiempo. Cuando los cultivos se extendieron, entró rápidamente en juego la ley de rendimientos decrecientes; al final, después de un progreso debido a los abonos, apareció el límite: ¡para el trigo, por ejemplo, era inferior a 9 quintales por hectárea! Se hacía absurda la realización de nuevas roturaciones. En la práctica, los únicos éxitos fueron obtenidos por *localización, intensificación* y *especialización* de cultivos mediterráneos. Mas, para hacer extensivos dichos éxitos a Aragón, el sudeste y Andalucía, se hacía indispensable el regadío —y un regadío de *amplias obras públicas*—.

El capitalismo del siglo XIX no acertó en este dominio. ¿Intentó dar vida a un desierto? La rentabilidad ha aparecido a muy largo término. Así sucedió con el canal de Urgell, construido hacia 1860, que transformó magníficamente toda una región, pero con tal retraso que los proveedores de fondos experimentaron serios inconvenientes. A la inversa, en el sureste, poblado y fértil, de clima más irregular, los grandes trabajos (pantano de Lorca, más tarde Riegos de Levante) han sido remuneradores, *pero porque el agua se vendía en subasta*. Esta explotación de la escasez, en casos de sequía, arruina al campesino.

De estos dos tipos de fracaso se obtuvieron ciertas conclusiones en favor de una intervención del Estado capaz de resucitar, pero a escala nacional y por la técnica moderna, la antigua «comunidad hidráulica», en que el agua gratuita estaba garantizada, y su distribución era equitativa, una vez amortizado el precio de las obras. Esta «política hidráulica» (socialismo, en realidad) tuvo como apóstol a Joaquín Costa, tribuno aragonés de expresión confusa, pero sin duda el mejor de esos personajes «del 98», que se revelaron en reacción contra la derrota. Pero, ¡ay!, faltaban estudios, el estado era pobre; los intereses locales y la corrupción estaban al acecho de las concesiones de obras. Así fracasó el «plan Gasset», de 1902 (¡en cada desfiladero fluvial, un ingeniero propuso la construcción de una presa!). ¡No importa! La «política hidráulica» se volvió inseparable de todo intento renovador. Su triunfo implicaría una verdadera revolución. Verdad es que también choca con el *hecho social*.

Problemas agrarios. — En efecto, en el siglo XX, subsistió el antiguo régimen agrario español sin dejar paso a fórmulas de equilibrio. Seguían pesando las viejas costumbres: en Aragón, Andalucía y Extremadura, la psicología del régimen señorial sobrevivió a su desaparición jurídica. En Galicia, en pleno siglo xx, perciben aún los censos y foros de minifundios tan diminutos que una familia no puede vivir de ellos. Incluso Cataluña, socialmente mejor establecida, tiene sus conflictos agrarios: el viejo contrato vitícola de la «rabassa morta» fijaba los arrendatarios a sus tierras desde hacía siglos; pero estaba ligado a la supervivencia de las cepas. La filoxera comprometió, pues, su eficacia, y se entabló una lucha por la tierra entre sindicatos de propietarios y sindicatos de arrendatarios («rabassaires») con crisis en 1890, 1920 y 1934; buena parte de la política contemporánea catalana ha dependido de esto.

Por último, el problema del latifundio se plantea en todo el sur del país: el esfuerzo del siglo xix en materia de individualismo agrario no supo obtener buenos resultados. En apariencia, la desamortización de manos muertas fue uno de los grandes fenómenos del siglo; las ventas de bienes eclesiásticos, los rescates de censos y rentas, etc. representaron, entre 1821 y 1867, 2.700 millones de pesetas. Pero la discontinuidad de la política (leyes de 1821, 1835, 1854, suspendidas respectivamente en 1823, 1845, 1856), la pobreza de los campesinos y las costumbres españolas hicieron que la operación no diese por resultado ni la constitución de grandes dominios bien explotados, de tipo inglés o prusiano, ni de una clase labradora satisfecha de tipo francés. Los especuladores de la desamortización añadieron otros latifundios a los latifundios de nobleza. La estructura agraria permaneció inmutable.

A comienzos del siglo xx, 10.000 familias poseían 50 por 100 del catastro, y el 1 por 100 de propietarios 42 por 100 de la propiedad territorial. La extensión máxima de estos dominios no es enorme (en Cádiz 30.000 hectáreas por 10 propietarios); se considera como latifundio una propiedad de más de 250 hectáreas, pero no se trata siempre de malos terrenos. En los viñedos de Jerez, el 3 por 100 de los propietarios poseen 67 por 100 de la fortuna estimada. Municipios ricos, como Carmona, Écija, Utrera, Sevilla, tienen del 45 al 81 por 100 de sus tierras en grandes fincas. Estas mismas son explotadas *extensivamente*. Tierras sin cultivar, de caza, de cría de toros bravos, encinares, olivares, trigos de secano: esta jerarquía no coincide con las posibilidades andaluzas. Los Medinaceli consagraron a la caza durante mucho tiempo 15.000 hectáreas sobre 16.000 de buenos terrenos; los duques de Alba arrendaban a 25 pesetas la fanega fincas subarrendadas a 60 por sus arrendatarios generales. De este modo, los capitales ni se acumulaban ni se invertían. Una hectárea de regadío produciría veinte veces más que una hectárea de secano; pero su cultivo costaría siete veces más y una inversión de fondos importante; la intensificación no tiene lugar a causa del latifundio.

Sin duda, el otro aspecto del problema es social. La masa andaluza está formada por braceros. De 1900 a 1930 ganaron una media de 3 pesetas diarias, con temporadas de paro de cien a ciento cincuenta días por año. El aspecto de proletariado es tanto más sensible en estos campesinos cuanto que viven en localidades de 10.000 a 15.000 almas, donde se va a contratarlos para los trabajos estacionales de los cortijos. Luego, la natalidad es grande y el andaluz emigra poco. Hay, pues, superpoblación, miseria y desnutrición. Algunos infieren de esto que se trata de una raza «pasiva». Pero esa pasividad no es continua; hay rebeliones y estallidos de cólera. Este fenómeno interesa la tercera parte de España, aquella que fue antaño su más hermoso vergel. Esos millones de hombres que producen poco, y *consumen poco,* son un peligroso peso muerto para la economía nacional, al mismo tiempo que un elemento de desequilibrio en la sociedad. Los dirigentes españoles, después de pasar mucho tiempo negando la existencia del problema, han multiplicado los estudios sobre el particular. Pero precisamente el Instituto de Reformas Sociales, creado en 1902, apenas fue otra cosa que un organismo *de estudio*. Sólo intentó reformar *a escala experimental*. No se abordó ningún plan de conjunto antes de 1931. Y, hacia 1917, renace en el sur una agitación social agraria muy fuerte.

Industrialización y equipo industrial

En el aspecto industrial, España tenía algunas ventajas: sus minas y la mano de obra. Pero carecía de capitales para la industria pesada, de mercados para la industria de artículos de consumo. Estos dos hechos tendrán repercusiones graves.

La explotación minera, el equipamiento general y la industria pesada, o permanecieron atrasados, o cayeron en manos extranjeras.

Las *minas* triplicaron el valor de su producción entre 1830 y 1856, y luego entre 1860 y 1900. De 1864 a 1913, la producción se elevó así: mineral de hierro: de 280.000 a 9.860.000 toneladas; mineral de cobre, de 213.000 a 2.268.000; carbón, de 387.000 a 3.700.000. Pero las débiles sociedades españolas impulsaron mal la explotación. El capital extranjero las superó (667 millones de pesetas contra 605 en 1920), concentrándose en grandes empresas: belgas (Real Asturiana de Minas), francesas (Peñarroya), inglesas (Orconera, Tharsis, Riotinto sobre todo, que, habiendo comprado en 1873 las minas de dicho nombre por 93 millones de pesetas, anunciaba en 1921 un capital de 337 millones). Naturalmente, los extranjeros desarrollaron sobre todo la exportación de productos en bruto, que resultaba económica gracias a la mano de obra barata. El país apenas disfrutó de estas fuentes de riqueza.

El *equipamiento industrial* (máquinas, transportes, fuerza

motriz) planteó los mismos problemas. Dentro de la Europa capitalista, España giró en el círculo vicioso de los países pobres y retrasados: para enriquecerse le hacía falta equiparse; para equiparse le hubiera hecho falta ser rica. Una interesante memoria de los ingenieros de Caminos, Canales y Puertos ya lo había comprobado en 1840 a propósito de las primeras concesiones ferroviarias: no se podía esperar que la riqueza pública crease los ferrocarriles; había que crear los ferrocarriles para fomentar la riqueza pública. Interesante alegato en favor de la prioridad del equipo industrial en el circuito económico. Pero demasiado precoz. Las concesiones fueron a los extranjeros (sobre todo a los Pereire). El Estado no supo imponer más que un absurdo geográfico: el tendido radial tomando como centro a Madrid. Más tarde se arruinó con los malos «ferrocarriles secundarios». España sufre aún las consecuencias de esos errores iniciales.

El nacimiento de la industria pesada, y una segunda fase de equipamiento industrial demostraron, entre 1910 y 1920, la existencia de leyes análogas.

Buscando una rentabilidad rápida, el automóvil hizo la competencia al ferrocarril en vez de alimentarlo; las empresas eléctricas construyeron apresuradamente las grandes centrales de los Pirineos, se hicieron la competencia entre ellas, y luego se unieron en *trust* bajo el padrinazgo de «La Canadiense» (Barcelona Traction, Power and Light Cº). Otros *trusts* se sucedieron: Pirelli, Siemens, la IG Farben, y las potasas de Suria fueron objeto de un reparto de influencias.

Así pesa sobre España un sistema productivo, pero no nacional, que, obedeciendo a la atracción de la fuerza adquirida, ha aumentado el contraste entre la masa del país, que sigue siendo agrícola, y algunas regiones industriales especializadas.

La industria ligera hubiera podido reanudar, entre 1830 y 1890, con capitales nacionales de tipo medio, los esfuerzos esbozados a partir del siglo XVIII.

En Cataluña, sobre todo, nació una industria textil poco concentrada orgánicamente, pero geográficamente solidaria por la red de vías de comunicación que maniobra Barcelona. Cataluña contaba con dos millones de husos de algodón, cincuenta mil telares de algodón, una industria lanera concentrada en dos ciudades (Sabadell y Tarrasa), una excelente mercería; industrias variadas de cuero, papel, corcho, edición y mecánica ligera. Barcelona pasa de 88.000 habitantes en 1818 a 190.000 en 1860 y a 510.000 en 1897. Las industrias son de tipo medio, a base de capitales familiares, y de necesidades bancarias limitadas.

Pero estos capitales eran nacionales, y esta industria de *artículos de consumo* era casi la única de España; los catalanes consideraban que ellos encarnaban «el trabajo nacional». Como no podían hacer la competencia a Inglaterra, y como las colonias eran ya muy restringidas, el proteccionismo se convirtió en su doctrina, llegando a ser casi una mística. Un Güell Ferrer o un Bosch Labrús tienen el vigor doctrinal de List. Su organismo es el Fomento del Trabajo Nacional. Tienen prensa, mítines y puestos en el Parlamento; denuncian la política madrileña, el peso de la España pobre y reclaman la dirección de la economía. Pero, frente a ellos, los conservadores agrarios y los liberales anglófilos denuncian el egoísmo industrial catalán. De este modo, importantes fenómenos de la política se insertan en el proceso de industrialización, a saber: cuestiones exteriores, regionalismo, movimiento social.

Problemas políticos derivados de la evolución económica española

Problema exterior y colonial. — Políticamente débil, España será tratada por el extranjero como zona de influencia.

La intervención de 1823, las posiciones adoptadas respecto al carlismo, «los matrimonios españoles», las intrigas en torno a Espartero y Narváez son otros tantos episodios de una rivalidad anglo-francesa en torno a España. Habría que reconstituir el papel de Inglaterra en el distanciamiento de las colonias, en el control de los yacimientos mineros, en los esfuerzos de Cobden contra el proteccionismo textil, en las tendencias de Mendizábal, de Espartero y de los librecambistas. España escapó a la suerte de satélite que aceptó Portugal, pero sus riquezas y su posición no cesaron de atraer sobre ella las intrigas extranjeras.

Por otra parte, ya no podía ser cuestión de rehacerse en la esfera colonial. El primer intento de este género, después de haber perdido el Imperio, es el de 1859 en Marruecos, y no tiene como consecuencia una verdadera implantación; y cuando la Conferencia de Algeciras (1906), por razones de equilibrio, crea un Marruecos español, el esfuerzo intentado para ocuparlo tiene graves repercusiones interiores (1909). En 1898 se perdieron Cuba, Puerto Rico, Filipinas y Guam. Esta impotencia no dejó insensible a España. Costa reclamó una «política africanista» auténtica (que no se limitase al juego militar); y la derrota de 1898 cristalizó la oposición al régimen, formulada por los intelectuales. Pero la derrota tenía también sus incidencias económicas, ya que privaba a la industria de sus últimos mercados exteriores, y por eso vino a reforzar el proteccionismo. Los catalanes acentuaron, a la par que su desprecio por Madrid y por el bajo nivel de vida de las regiones agrarias, sus pretensiones dirigentes; fue el tiempo en que Prat de la Riba exaltó el «imperialismo de los productores» en *La nacionalitat catalana*. Término inquietante: en 1900 como en 1640 y en 1700, las debilidades políticas del centro español conducen a una rebelión de las provincias más activas.

Problema regionalista. — En efecto, es curioso observar que el movimiento de «las nacionalidades» ha tenido consecuencias perniciosas en un edificio tan viejo y glorioso como el de la unidad española. Pero sabemos que la monarquía de los Habsburgo no desempeñó la función unificadora de la monarquía francesa, ni las Cortes de Cádiz la de la Revolución de 1789. El carlismo a la derecha y el federalismo a la izquierda atestiguan el fenómeno centrífugo en el siglo XIX. Pero hubo más: a finales de siglo, las regiones adquieren espíritu de grupo hasta afirmarse como «naciones».

El «nacionalismo vasco» se desarrolla sobre todo en el siglo XX. Pero nace en el XIX con su apóstol Sabino Arana. Y se manifiesta primero en Bilbao, lo que permite clasificarlo menos como una herencia del viejo «fuerismo» que como reacción de una región económicamente avanzada contra la dirección política retrasada del centro del país.

El «catalanismo», más pronto formado y más pronto amenazador, responde aún mejor a esa definición. Sin embargo, había empezado como una manifestación de renovación lingüística. La lengua catalana recobró dignidad literaria entre 1833 y 1850, con la *Oda a la Pàtria,* de Aribau, las poesías de Rubió y Ors y los Juegos Florales. Los trabajos históricos de los Bofarull, Milá y Fontanals y Balaguer pusieron de moda el pasado catalán. Surgieron grandes poetas, como Verdaguer, y más tarde Maragall. Lo esencial es saber por qué esta corriente intelectual, cuyo valor literario no sobrepasa a la obra de Mistral, pudo encontrar a su servicio un *teatro,* una *prensa,* unas *asociaciones*, y por último, influir a todo un pueblo, en lugar de quedarse en una obra de capillas y de almanaque.

Sin duda «la tierra, la raza y la lengua» designan claramente una Cataluña. No obstante, la presión de estos hechos es discontinua: casi habían sido olvidados entre 1750 y 1830. Por otra parte, Cerdaña y Rosellón no les han vuelto a dar sentido político. Incluso la reconquista de la lengua (obra, sobre todo, de Pompeu Fabra, entre 1910 y 1925) *sigue,* más bien que precede, al entusiasmo político por la autonomía. Es decir, que el verdadero problema no reside en esos «hechos diferenciales» (geografía, etnia, lengua, derecho, psicología o historia), sino *en las razones por las cuales un medio dado, en un momento dado, ha recobrado la conciencia de ellos.* Estas razones son dobles: por una parte, la impotencia del Estado español; por otra, la disimilitud creciente entre la estructura social de Cataluña y la de la mayoría del resto de España.

¿Impotencia del Estado español? Pensemos en que, desde Carlos III, no cuenta con ningún éxito en su activo, y en que no ha hecho un esfuerzo eficaz para difundir el mito de la comunidad, en particular *ningún esfuerzo escolar de gran envergadura.*

¿Disimilitud entre las estructuras? En Cataluña existen una burguesía activa y toda suerte de capas medias acomodadas, que cultivan el trabajo, el ahorro y el esfuerzo individuales, interesadas por el proteccionismo, la libertad política y la extensión del poder de compra. En España dominan los viejos modos de vida: el campesino cultiva para vivir y no para vender; el propietario no busca acumular ni invertir; el hidalgo, para no desmerecer, busca refugio en el ejército o en la iglesia, y el burgués madrileño, en la política o en la administración; los conservadores condenan la libertad política, y los liberales, el proteccionismo. Dos estructuras, dos psicologías que, polemizando, se volverán más virulentas, una contra otra.

Las polémicas nacen a cada discusión fiscal o aduanera. Mítines, prensa, discursos parlamentarios, memorias al gobierno agitan Cataluña, y unen el orgullo de los intelectuales catalanes a los argumentos de los economistas y al descontento popular. Casi siempre, esta agitación consigue apuntarse un triunfo, pero la solidaridad regional se acrecienta cada vez más. En las regiones no industriales se declara, a su vez, un ataque general contra el viajante catalán «explotador», «organizador de la vida cara», con todos los sarcasmos que la psicología precapitalista sabe reservar al hombre de dinero. Así se forman dos imágenes: el castellano sólo ve en el catalán adustez, sed de ganancias y falta de grandeza; el catalán sólo ve en el castellano pereza y orgullo.

Un doble complejo de inferioridad —política en el catalán, económica en el castellano— llega a producir desconfianzas invencibles, para las que la lengua es un signo y el pasado un arsenal de argumentos.

Así se explica la evolución del propio catalanismo: del regionalismo intelectual pasa al autonomismo (1892: Bases de Manresa). Después de 1898, habla de «nacionalidad». En 1906, una Solidaridad Catalana obtiene, por encima de los partidos, un gran triunfo electoral. Hacia la misma fecha se sitúa otro cambio: como el primer partido catalán, la Lliga Regionalista, reunía sobre todo a elementos moderados (eruditos acomodados, «fuerzas vivas» industriales, campesinos y tenderos católicos), Madrid creyó que podría contrarrestarlo por medio del demagogo Lerroux, ídolo de las multitudes populares barceloneses. Pero Lerroux quedó desprestigiado, en 1909, por su poco glorioso papel en la «semana trágica». Desde entonces el catalanismo reunió también a las oposiciones de *tipo democrático y pequeño burgués*; un catalanismo «de izquierda» iba a unir a pequeños propietarios, «rabassaires», empleados, funcionarios e intelectuales modestos. Se perfilaba un bloque regional contra Madrid.

El movimiento social y las organizaciones obreras. — En el siglo xix la proporción de la población industrial en España no fue nunca fuerte; tres núcleos regionales (Cataluña, Asturias, Vizcaya), cuatro o cinco ciudades (Madrid, Sevilla, Valencia, Málaga, Zaragoza), minas aisladas (Peñarroya, Riotinto, La Unión): débil base para un movimiento obrero del tipo inglés o alemán. *Y, sin embargo, desde el siglo XIX, la clase obrera española ha desempeñado un papel sensible.* En el siglo XX, se hablará de España «anarquista», «sindicalista» o «marxista»: generalizaciones abusivas, pero significativas; el proletariado español ha sido históricamente más importante que lo que su débil número hacía prever. ¿No recuerda esto, precisamente, el análisis de Lenin sobre Rusia? En un país predominantemente agrícola, donde se acentúa la crisis agraria, donde un sistema aristocrático desgastado se resquebraja en medio de las catástrofes políticas y donde las clases medias tienen poco peso social, ¿no basta con algunos núcleos proletarios, superexplotados por un capital frecuentemente extranjero, para que el movimiento obrero tome valor decisivo de dirección? Por esto, precisamente, veía Lenin a España como el país designado para la segunda revolución. Y el paralelo España-Rusia de 1917-1923 estuvo de moda en todos los campos, ya para anunciar, ya para denunciar, la inminencia de una dislocación social. Por añadidura, el movimiento revolucionario español contaba con *una tradición.*

En Cataluña, desde los años 1830-1860, se habían ya afirmado las tendencias a la asociación (Sociedad de Tejedores, Las Tres Clases de Vapor, Unión Manufacturera), a las sacudidas de violencia (rotura de máquinas en 1835 y huelga general en 1855), y a la agitación social cuando acaecían incidentes políticos (1835, 1840, 1854). El fenómeno debió de ser más continuo de lo que indican estudios insuficientes, porque el florecimiento de las organizaciones obreras en 1868 no podría explicarse sin fase de incubación.

En efecto, en 1868 fue a España Fanelli, discípulo de Bakunin, y fundó secciones de la Asociación Internacional de Trabajadores (y, más secretamente, grupos de la «Alianza» bakuninista). El éxito fue brillante; en pocos meses la «Federación», órgano de la Internacional, sobrepasa los cien mil afiliados, con dos grandes centros: Cataluña y Andalucía. España se convierte entonces, con la Francia de la Comuna, en gran campo de experiencia para el movimiento revolucionario internacional. Marx y Engels desde Londres, y los bakuninistas desde Suiza, se lanzan a porfiada lucha en torno a objetivos españoles. James Guillaume nos ha dejado testimonio de ella. También Engels, en un célebre folleto, critica el movimiento cantonalista, después de su fracaso en un texto fundamental del marxismo contra los anarquistas. Sin embargo, a pesar de una fructífera misión de Lafargue, fue el bakuninismo quien finalmente triunfó. Por lo menos, la escisión continuó cuando se reconstituyeron las organizaciones obreras, después de la represión de 1874-1876.

El Partido Socialista Obrero nació entonces en Madrid, y fue completado, en 1888, por la organización sindical Unión General de Trabajadores. Tuvo éxito en las regiones de *concentración orgánica* de la industria (minas asturianas, metalurgia vasca), y entre los obreros cultivados de Madrid, cuyo modelo fue el tipógrafo Pablo Iglesias, fundador del partido, teórico sin originalidad, pero noble figura, que durante mucho tiempo mantuvo al socialismo español en la tradición de Lafargue y Guesde. Más tarde, dicha tradición fue poco a poco olvidándose, bajo la influencia de políticos natos (Indalecio Prieto) o de profesores de Derecho (Besteiro, Jiménez Asúa, De los Ríos), pasándose al parlamentarismo y al reformismo. De hecho, los temperamentos revolucionarios españoles miraban a otra parte.

Efectivamente, en 1881, cincuenta militantes barceloneses habían fundado una «Federación» obrera de inspiración anarquista. En dos años (Congresos de Sevilla y Valencia) reagrupó cincuenta mil afiliados; de los cuales treinta mil eran de Andalucía y trece mil de Cataluña. Las divisiones y la represión le hicieron la vida difícil. Pero el anarquismo vivió grandes días entre 1890 y 1910: «acción directa» por atentados, huelgas de 1890 y 1912, proceso de Montjuïc, «semana trágica». En 1911 empieza una fase más organizada, fundándose la central anarco-sindicalista. Ésta, Confederación Nacional del Trabajo o CNT, dominará el movimiento obrero español hasta la guerra civil.

Lo importante, más que el anarquismo de los años 90 (que es internacional), es esa *persistencia contemporánea* del movimiento. Explicarla por el temperamento es una solución fácil. ¿Por qué la España de Cisneros y del Tribunal de las Aguas, la Cataluña ponderada y cooperativista estarían «específicamente» designadas para las formas individuales de subversión? Más valdría (lo que es menos simple) analizar el anarquismo español en relación con la *estructura* y la *historia* de los medios donde ha germinado.

1) Los vínculos del movimiento obrero con el problema agrario; los periódicos anarquistas se llaman *Tierra, Tierra y Libertad*; las rebeliones del campo andaluz pesan en la visión española de la revolución.

2) La dispersión orgánica de las industrias catalanas: patrono y obrero permanecieron próximos; la lucha conservó un carácter individual.

3) La miseria de las grandes ciudades: tanto como una miseria «obrera» era una miseria de inmigrados, de parados forzosos, de pequeños oficios, de barrios sórdidos (distrito quinto barcelonés); el fenómeno «fábrica» pierde aquí parte de su importancia; pero hay una sensibilidad viva de las masas urbanas, y también un amontonamiento, con facilidad de provocaciones.

4) Las relaciones entre los obreros y la política: la del siglo XIX les decepcionó siempre, lo que explica su «apoliticismo». Pero al mismo tiempo adquieren la pasión de la libertad y el odio hacia el Estado, en su actitud contra un constante autoritarismo policíaco. El liberalismo conserva ante ellos un secreto prestigio; de ahí viene el movimiento pendular de las

elecciones españolas: después de un período de «izquierda», los anarquistas, decepcionados, dicen «no votad», y su abstención permite un escrutinio favorable a la derecha; después de la dominación de las derechas, el obrero se rebela y renuncia al abstencionismo, pero, como no tiene candidato propio, la «izquierda» triunfa sin representarlo.

5) La tradición revolucionaria: Díaz del Moral ha mostrado el papel esencial de la *tradición* en las rebeliones andaluzas; el anarquismo barcelonés tiene también sus grandes antepasados, sus recuerdos y sus mártires; socialismo y comunismo tendrán bastante tiempo contra ellos todo lo que semejante pasado representa de resonancias sentimentales.

6) Por último, la huella ideológica: cuando Anselmo Lorenzo, patriarca del anarquismo español, visita a Marx en Londres, en 1870, reacciona como autodidacta admirativo e intimidado; prefiere poner su confianza, mejor que en la ciencia «burguesa» de Marx, en el instinto del movimiento obrero y las doctrinas sentimentales o pasionales. Y Lorenzo organiza, con el concurso de Francisco Ferrer, una verdadera obra de educación, tanto más influyente cuanto que la escuela oficial abandona a gran número de los jóvenes al analfabetismo. La Escuela Moderna, los folletos a precios económicos y los ateneos populares marcarán a varias generaciones. Esta cultura se creará más amplia (más «enciclopédica») que la cultura marxista, pero dejará a los militantes más desarmados ante los problemas reales. El anarquismo recoge también antiguas particularidades españolas: fidelidad a las personas, exaltación del acto individual y sobre todo esa necesidad de liberación, más pasional que intelectual, ante la presión ancestral de la religión. Sobre este punto, no se trata sino de un caso particular de otro problema que no ha cesado de conmocionar al siglo: el problema espiritual.

Problemas espirituales. — Son consecuencia, como en el

siglo XVIII, de un doble conflicto: contra el lastre de la tradición, el deseo de renovación; contra el deseo de renovación, el orgullo de la originalidad nacional.

La primera parte del siglo aporta poco a este conflicto. El romanticismo es literario. El liberalismo —más que en el siglo XVIII— es una copia. La España tradicional no es más que un vestigio. Hacia 1840 la antigua España conserva más gestos que pensamientos. Esto basta para que se mantengan, en lugares apartados, emocionantes supervivencias medievales, pero no para proteger la seguridad de la fe en las regiones de contacto y en las grandes ciudades. A mediados del siglo, un sacerdote catalán, Balmes, y un liberal convertido, Donoso Cortés, hacen un vehemente llamamiento en favor de una vivificación de la tradición; pero su posición es de carácter defensivo y su influencia no será inmediata. La masa del clero español no escuchará la lección, y guardará sus pretensiones a la dirección total del pueblo, sin justificarla con una mayor cultura. El clero confundirá el mantenimiento de las prácticas con la solidez religiosa. Aún en nuestros días, un extranjero puede extrañarse de la fuerza que guarda en España la religiosidad inconsciente y el desconocimiento, en el hombre medio, de los rudimentos fundamentales del catolicismo. En la adhesión u oposición a la religión, el componente intelectual es débil; de ahí vienen los combates apasionados. Es el signo de una quiebra en la educación popular: escuela y catecismo a la vez. Este fracaso es apenas discutible. En el siglo XX la Iglesia española soñará a veces con ser la cabeza de una nueva Contrarreforma: pero la Prerreforma de Cisneros, educadora del clero del siglo XVI, no tuvo correspondencia histórica en el siglo XIX. El movimiento espiritual español contemporáneo, incluso en sus aspectos tradicionalista y místico, se ha producido *fuera de la Iglesia* o *contra la Iglesia*: es un movimiento «de intelectuales».

Este movimiento nace, entre 1860 y 1880, en tres formas.

En primer lugar, se trata de una floración de novelas, desiguales, pero curiosas por su orientación. Un Pereda defiende a la vieja España, no sin ironía. Un Valera, un Palacio Valdés, una Pardo Bazán la critican, no sin ternura. Por encima de las divergencias, reina en todos ellos una preocupación: delimitar lo nacional, definir «lo español». Aquí se descubre a un pueblo en crisis moral, dudando de sí mismo, pero vinculado, ante todo, a las particularidades de su alma.

Hay otro movimiento intelectual que parece muy diferente en sus orígenes. Es ese extraño «krausismo», importado de las universidades alemanas en los años 40 por un joven becario del gobierno, Julián Sanz del Río, cuya influencia entre 1855 y 1865 opera una pequeña «reforma». Se trata menos de ideas que de una actitud ante la vida. Pero de ahí salieron ese espiritualismo laico, esa rigidez de principios, esa fe en la educación, que anima a los hombres de la Primera República. La extensión de la capilla será más tardía. Pensemos, sin embargo, que hacia 1865-1875 se fijan también, a través de la querella Marx-Bakunin, las dos corrientes del pensamiento revolucionario español; y convendremos en que es preciso buscar en este decenio las fuentes en que ha bebido la España de nuestro tiempo. No obstante, se acostumbra a buscarlas preferentemente en la «generación del 98». Puede hacerse así, siempre que se defina esta generación en su sentido más amplio, comprendiendo en ella toda reacción contra el nuevo *complejo de decadencia*, que la derrota de 1898 vino a exasperar.

Después de 1880, el krausismo, con Francisco Giner de los Ríos, se consagra a la educación: una especie de «parauniversidad», la Institución Libre de Enseñanza, emprende una renovación de la pedagogía y de la investigación que cuajará, en 1907, en la oficial «Junta para Ampliación de Estudios», con establecimientos de segunda enseñanza, centros de estudios científicos y becas para el extranjero. Las fórmulas prácticas son nuevas: encuestas, excursiones, coeducación de sexos, pa-

sión por la naturaleza y por la cultura popular, preferencias
por la biología y la sociología. Gracias a la Institución, España
no solamente iguala, sino que con frecuencia supera, a los
países vecinos, en materia de educación superior. Puede hacér-
sele una reserva: esta obra no llega ni a la vieja España, fiel a la
educación religiosa, ni al pueblo, que continúa sacrificado;
hacia 1900 más de la mitad de los españoles no saben leer. De
suerte que la «inteligentsia» krausista se limita a ser un hecho
aislado, artificial, extrasocial. Un día vendrá en que habrá ocu-
pado el poder, y entonces ese fenómeno no será extraño a su
inexperiencia e impotencia.

Podemos vincular a la Institución aquellos historiadores
y sociólogos de los años 1890-1900, aún con deficiente instru-
mental, pero buenos exploradores, cuyo esfuerzo recuerda el
del siglo XVIII, por su deseo de lo universal unido a la simpatía
por el viejo fondo nacional. Tal es el caso de Joaquín Costa,
que busca como angustiado las particularidades españolas en
materia de derecho consuetudinario, folklore, economía rural
e hidráulica colectiva. Luego, un Hinojosa y un Altamira que,
más científicamente, establecen los fundamentos de una historia social y psicológica de su país. A partir de 1898, Costa se
lanza también a la política activa, organiza a los campesinos
aragoneses contra el fisco, se dice republicano y luego revolucionario. Propone toda clase de fórmulas para el porvenir; es
el «arbitrista» del siglo XIX. Aunque admirado, su gloria se
esfuma rápidamente ante la de escritores más brillantes. Desde
entonces, la «generación de 1898» adquiere valor sobre todo
literario.

Igual que Quevedo condenó el «arbitrismo» en nombre
de una desesperanza orgullosa, así, hacia 1898, unos hombres
se encuentran unidos en el desprecio de lo positivo para co-
mentar líricamente sus decepciones nacionales. Estos hombres
no forman «escuela» y son muy diferentes. Pero edifican su
obra en torno a las mismas amarguras y a las mismas razones

de orgullo. Baroja pisotea la tradición, pero rechaza las lecciones del exterior. Antonio Machado, joven profesor en Soria,
centra su meditación poética sobre el paisaje de Castilla la
Vieja, pero denuncia «la sangre de Caín», de «estómago vacío
y alma huera» del español. Ganivet muere desesperado lejos
de su patria, después de haber trazado su *Idearium*, para
probar que no hay común medida entre España y Europa.
Unamuno pide para su patria el primer puesto en esa reacción
contra el cientificismo y contra la fe en el progreso, que se
dibuja un poco en todas partes por la misma época. Se com-
place en pulverizar las fórmulas rutinarias, en proponer *la hispanización de Europa* y en presentar al Quijote como modelo.
Es el mayor genio verbal de España desde hace siglos. Pero
este verbalismo, y sus paradojas, proyectan sobre el alma española incertidumbres y contradicciones para el porvenir.

Primera contradicción: al espíritu científico heredado de
Giner, en el que se inspiran magníficas escuelas filológicas,
históricas y biológicas, con los Menéndez Pidal, Sánchez Albornoz, Marañón, etc., se une un peligroso prestigio del brillo
literario, del «snobismo» filosófico, a imitación de un Ortega
y Gasset y de un Eugenio d'Ors.

Segunda contradicción: los escritores españoles, que siguen
a los del 98, «toman partido» de tal manera que llegan a creerse destinados, cuando la crisis de 1931, a dirigir moralmente
la nueva España. En realidad, no podían arrastrar ni a la España tradicional, que los maldecía, ni al proletariado, que ellos
mismos ignoraban. Cuando comprobaron la violencia de las
luchas materiales en la política, optaron por retirarse, unos
estruendosamente, los otros en silencio, no sin despreciar a los
que seguían «comprometidos». Esta escisión y esta incerti-
dumbre espirituales han sido un nuevo drama de la España
de nuestro tiempo.

Última contradicción: los hombres del 98 quisieron, al
mismo tiempo, *criticar* el complejo español y *exaltar su mito*.

Algunos discípulos sólo conservarán el aspecto denigrativo y caerán en el desánimo. Otros conservarán el aspecto del orgullo, y, simplificándolos, atribuirán a los temas de Ganivet y de Unamuno el mismo papel que los nazis al racismo y los fascistas al «Imperio». Puede que un Maeztu lo hubiera deseado así. Un Azorín lo aceptará implícitamente. Pero Unamuno, al morir, tendrá su momento de angustia.

Sin embargo, y como siempre en España, la síntesis se realizará *entre el aliento tradicional y el no conformismo*. Mas, para esto harán falta algunos genios: Federico García Lorca, Miguel Hernández o Pablo Picasso, y un gran impulso popular: el de 1936.

CAPÍTULO V

LAS CRISIS CONTEMPORÁNEAS

LA CRISIS DE LA MONARQUÍA (1917-1931)

Primera fase (1917-1923). Los disturbios

La crisis de 1917. — La euforia económica debida a la guerra se atenuó en 1917. Carestía de la vida, anuncio de la revolución rusa, enriquecimientos escandalosos y choque entre «aliadófilos» y «germanófilos» acabaron de excitar a los espíritus, obligándoles a definirse.

La agitación cristalizó en mayo en un *movimiento militar*. Los oficiales de infantería constituyeron «juntas» contra el favoritismo. Condenadas primero, y luego aceptadas, se presentaron como ejemplo «a todos aquellos que sientan la necesidad de estar bien gobernados». Suboficiales y funcionarios de Correos formaron también sus «juntas». Entonces se puso en marcha un *movimiento político*. Regionalistas, reformistas, radicales y socialistas reclamaban la convocatoria de Cortes, en las que el gobierno no estaba seguro de tener mayoría. En Barcelona se celebró una reunión ilegal de ochenta diputados

de la oposición, que pidió una Constituyente. La Asamblea de
Parlamentarios fue disuelta. «Simple cuestión de guardia civil»,
dijo el gobierno. Fórmula empleada con demasiada frecuencia,
que medía mal la gravedad de la crisis. A fines de julio, un
movimiento social reemplazó a la agitación política. Hubo huelgas en Valencia, Santiago y Bilbao. Se formaron «juntas» hasta
entre los guardias de Seguridad. El 13 de agosto la huelga fue
general. El 15 de agosto las ametralladoras disparan y matan
en Cuatro Caminos (barrio popular de Madrid). En Cataluña
y en la región minera del norte se libran verdaderas batallas.
Pero el gobierno domina la situación. Se detiene a los jefes
socialistas (Saborit, Anguiano, Besteiro, Largo Caballero),
mientras que otros políticos logran huir (Lerroux, Macià).
Maura y el general Primo de Rivera se manifiestan contra la
debilidad gubernamental. El régimen durará cinco años todavía.
Pero la confusión aumentará cada vez más.

La época de los disturbios (1917-1923). — El «vals de los
ministerios» produce la *confusión política*: en seis años hay
trece crisis totales y treinta parciales. Fracasa un «gran ministerio» de Maura, Romanones y Cambó. Maura se orienta hacia
la intransigencia anticatalana. Cambó vuelve a la oposición con
un famoso discurso: «¿Monarquía? ¿República? ¡Cataluña!».
La cuestión regional vuelve a plantearse nuevamente de forma
aguda.

La *confusión social* se agrava. La carestía de la vida agita
a los pequeños funcionarios. En 1919 surge la crisis de la
industria. Sin embargo, es la España agraria quien se exalta en
primer lugar: 1918-1921 se llama en Andalucía «el trienio bol-
chevique»; los campesinos pintan inscripciones de «Viva Lenin» en las paredes de los cortijos. A lo que ellos aspiran con
toda pasión es al reparto agrario; pero ello no supone ninguna
educación *comunista* de dirigentes. Cuando el partido socialista
se escinde en 1921, sólo el País Vasco industrial parece tentado

por el comunismo. El gran foco de atracción revolucionaria es aún el sindicalismo «apolítico» y anarquizante.

El Congreso de la CNT en Sabadell (1919) representa a trescientos mil afiliados. La huelga de «La Canadiense» (electricidad catalana) representa el apogeo del movimiento sindical. Se destacan jefes como Salvador Seguí («el Noi del Sucre») y Ángel Pestaña. El gobierno discute con ellos y admite la jornada de ocho horas. Pero una patronal combativa lanza el «lock-out». Entonces entra en juego el terrorismo que asola Cataluña, Zaragoza y Bilbao durante los seis primeros meses de 1921. En junio, la represión se encarna, en Barcelona, en el general Martínez Anido y el policía Arlegui, que oponen pistolero a pistolero y «sindicato libre» a «sindicato único». Movilizan la policía cívica del Somatén y aplican la «ley de fugas», que consiste en provocar o simular una evasión y ejecutar al preso. Fueron asesinados el abogado Francesc Layret y, más tarde, el propio Salvador Seguí. La opinión se indigna y Martínez Anido es destituido en octubre de 1922. Pero ante un recrudecimiento de los atentados, las «fuerzas vivas» catalanas (dirigentes del comercio y de la industria) manifiestan su adhesión al capitán general de la región, Primo de Rivera; es la señal de un reagrupamiento de los «partidos del orden».

En estas mismas fechas, el *problema marroquí* exigía solución. Los españoles consideraban a Marruecos como un lugar para satisfacer ambiciones personales de los militares e intereses financieros de los políticos. Sólo a disgusto consentían sacrificios por esa causa.

El 20 de julio de 1921, el general Silvestre, cercado en Annual, encontró la muerte con todo su Estado Mayor. El Rif se había sublevado ante el desorden de la retirada. Hubo catorce mil bajas entre muertos y prisioneros. De 1921 a 1923, el general Berenguer pidió incesantemente refuerzos y crédito para una penosa reconquista. Los ministros, el rey (acusado de haber influido secretamente sobre el mando militar) y las «juntas» se achacaban mutuamente las responsabilidades. Los más diversos políticos protestaron: Maura, Cambó, el socialista Prieto, y el propio general Primo de Rivera, que hizo en el Senado una inesperada declaración en favor del abandono de Marruecos. Trasladado de Castilla a Cataluña, allí se preparó, aprovechando los disturbios sociales, para desempeñar el papel que hemos visto.

El 13 de septiembre de 1923, contando con el apoyo de las clases dirigentes y de las guarniciones, se proclamó jefe de un «directorio» aceptado por el rey. Nadie se lanzó a defender un parlamentarismo desacreditado. Esto favorecerá más tarde (erróneamente) la creencia en la pasividad constante del pueblo español ante las iniciativas de pronunciamiento.

Segunda fase (1923-1930). La dictadura.

La historia política de la dictadura puede contarse rápidamente. El «directorio militar» se convierte en «civil» a fines de 1925, designa en 1927 una Asamblea consultiva y proyecta en 1929 una Constitución: todo esto no cambia ni su esencia ni sus métodos. Pero ¿realizó algún trabajo en orden a los grandes problemas nacionales por resolver? Sólo resolvió la *cuestión marroquí*. Se mantuvo la alianza con Francia y, desde 1925, el Rif no volvió a agitarse. En cambio, el ejército de Marruecos (legión o tercio, los indígenas llamados «regulares») se convertirá en un instrumento fuerte y autónomo en manos de sus generales.

Dos hombres, el conde de Guadalhorce y Calvo Sotelo, anunciaron importantes *proyectos económicos*. Se les reprochó el aumento de la deuda; dieciocho mil millones de deuda flotante desde 1926; mil millones de déficit del presupuesto en 1928. Pero el Estado provee de fondos ya a grandes empresas públicas.

Por lo menos una de ellas era de altos vuelos: las Confederaciones Sindicales Hidrográficas. El sueño de Costa parecía realizarse. El Estado obligaba a agricultores e industriales a sindicarse, en cada cuenca fluvial, para invertir dinero, con su ayuda, en un plan de regularización de aguas, riegos y electrificación. En dicho aspecto, hubo una confederación que realizó buen trabajo, la del Ebro, porque un gran ingeniero, Lorenzo Pardo, encontró allí la ocasión de materializar sus viejos anhelos: presas en las fuentes del Ebro y cuencas subpirenaicas, extensión del canal Aragón-Cataluña, importante red de estudios hidrológicos. Desgraciadamente, la obra tuvo sus defectos: presupuestos establecidos con muchos ceros y maniobras de los proveedores. Y fue un caso aislado; ninguna otra confederación pudo comparársele. Los industriales se mostraban reservados y los agricultores sin grandes recursos. El Estado tenía una pesada carga y los planes quedaron en el papel. Como éste era un papel de lujo, las confederaciones cayeron en el mismo descrédito de toda la dictadura, que, por el «Circuito de firmes especiales» (carreteras) y las exposiciones de 1929, costosas manifestaciones de prestigio, fue tachada de megalómana.

Las intenciones más teóricas (nacionalismo económico, economía dirigida) dieron aún menos resultado; no se observó el porcentaje de capitales y técnicos nacionales impuesto a las empresas; se cedió el monopolio de Teléfonos a los norteamericanos; las ventajas ofrecidas a los puertos andaluces y a la desconcentración geográfica de las industrias no originaron ningún cambio de la estructura española, y disgustaron a los catalanes y vascos. Por último, los puestos económicos ofrecidos a los agentes políticos y a los militares, así como las subvenciones a las compañías ferroviarias y marítimas en déficit, hicieron imaginar toda clase de escándalos, tanto más cuanto que llegó a prohibirse su denuncia. Se volvió así a la misma atmósfera que la dictadura había pretendido combatir. Sin embargo, el régimen había podido aprovecharse de una prosperidad mundial excepcional y atribuirse los méritos de la misma. Pero esto le acarreó también algunos inconvenientes: los hombres de negocios, cuando tenían el viento en popa, no vieron más que los aspectos desventajosos del intervencionismo de Estado. El régimen resultaba caro y lo abandonaron.

El *programa social,* a la moda italiana, había anunciado la «supresión» de la lucha de clases. Se establecieron los Comités Paritarios obligatorios, se entró en contacto con los reformistas Largo Caballero y Prieto, y se reglamentó el trabajo nocturno de las mujeres. Pero los obreros no dejaron de notar que los salarios no seguían la curva de una prosperidad patronal ostentosa, y que la huelga había sido prohibida. Algo más grave fue el descuido en que se tuvo al problema agrario. Se colocaron cuatro mil colonos en 20.000 hectáreas, con dos millones de créditos, según las cifras más favorables; diez veces menos, según otros. De todas maneras no eran cifras a la altura de la reforma que había que intentar. En 1930 se verá cómo el conflicto social había conservado su carácter agudo.

El *problema regional* no fue tratado por grandes medios, sino con cominerías. En Cataluña se destruyó la Mancomunitat de 1913 y su obra. La alianza con las clases dirigentes catalana y vasca se perdió rápidamente. Pero como su patriotismo regional ya se había vuelto sospechoso, los «nacionalismos» fueron alimentados ahora por la oposición democrática. La unidad moral española se vio más amenazada.

El *fracaso político* acabó por ser evidente. La imitación del fascismo había sido superficial: no había partido de masas ni tenía una mística de la juventud. La Unión Patriótica y los somatenes se limitaron simplemente a sustituir a los antiguos caciques. El general simuló optimismo durante mucho tiempo, alternando la campechanía con los llamamientos bruscos a los símbolos de virilidad.

Primo de Rivera desterró a Unamuno, relegó a Cuenca a los dirigentes estudiantiles, se indispuso con el arma de artillería. Macià intentó en 1926, en Prats de Molló, una aventura romántica, pero estimulante. En 1929 se esbozó un pronunciamiento en Ciudad Real. Sánchez Guerra, campeón de la legalidad constitucional, desembarcó en Valencia para derrocar el régimen; fracasó y fue absuelto. La peseta bajaba. Ni los financieros ni el extranjero tenían ya confianza en la dictadura. Los jefes militares que fueron consultados, se mostraron fríos, y Primo de Rivera se retiró el 30 de enero de 1930, para morir poco después en París. Sabido es que uno de sus hijos, José Antonio, utilizó un día la enseñanza de este fracaso, para constituir un nuevo fascismo.

Tercera fase (1930-1931). *La caída de la Monarquía*

Una semidictadura, dirigida por el general Berenguer, sólo podía ser una etapa. Los viejos partidos de García Prieto, Romanones, Sánchez Guerra, Melquíades Álvarez, Cambó, resucitaban. Los antimonárquicos firmaron el Pacto de San Sebastián para implantar la República. Entre los firmantes figuraban: Miguel Maura y Alcalá Zamora por los moderados, Lerroux y Martínez Barrio por los radicales, Azaña, Casares Quiroga, Álvaro de Albornoz y Marcelino Domingo como jefes de los partidos más jóvenes, Carrasco Formiguera por los catalanistas republicanos, e Indalecio Prieto y Fernando de los Ríos por los socialistas. Este comité era político; sus relaciones con la masa sindical (querían su alianza, pero temían armarla) suponían un delicado problema. Noviembre de 1930 fue un mes de gran agitación social.

No obstante, los hechos políticos fueron los que sobresalieron: regreso de Unamuno y de Macià, verdadero juego de escondite del aviador Ramón Franco con la policía, manifestaciones de estudiantes. Por último, el 12 de diciembre, se produjo el acontecimiento esperado: la guarnición de Jaca, reforzada por algunos jóvenes entusiastas, proclamó la República y marchó sobre Huesca. ¿Desacuerdo profundo o mala interpretación? El caso es que se había adelantado al horario previsto por el comité. En Ayerbe chocó con tropas que le hicieron frente. Los dos jefes, capitanes Galán y García Hernández, fueron fusilados. *La República tenía sus mártires.* El 15 de diciembre, los aviadores intentaron en vano lanzar de nuevo el movimiento. El comité republicano era encarcelado.

Y, sin embargo, la partida sólo estaba aplazada. «La realeza debe ceder a la realidad», dijo Sánchez Guerra. Los partidos se negaron a ir a unas elecciones bajo una semidictadura. Berenguer tuvo que desaparecer, sustituido por el que había de ser último gabinete de concentración monárquica: La Cierva-García Prieto-Romanones-Ventosa, que organiza un escrutinio municipal de apariencias anodinas: la mitad de los pueblos eligen a caciques sin contrincante. Pero el 12 de abril las elecciones urbanas superaron todo lo que podía esperarse: la izquierda más avanzada triunfa en todas partes. El día 14 la República es proclamada en Éibar, Barcelona y San Sebastián. En Madrid, Romanones parlamenta con Alcalá Zamora. Sanjurjo, jefe de la guardia civil, ya no garantiza la vida del régimen. El rey tiene que resignarse a marchar. La jornada toma un aspecto de apoteosis. Viejos republicanos e intelectuales, ante esta revolución sin una gota de sangre, creen que España ha llegado al más alto grado de madurez política. Los obreros, tradicionalmente ilusionados por la palabra libertad, dan rienda suelta a una gran esperanza. Llegará un día en que el propio José Antonio Primo de Rivera reconozca que el 14 de abril tuvo un valor único en la historia de España. La idea de que «hay algo que cambiar» parece aceptada por todo español. Pero ¿qué? La República iba a responder muy pronto.

LA REPÚBLICA (1931-1936)

La dictadura había gobernado sin transformar. La República quiso transformar y gobernó difícilmente. Por lo menos, en los dos primeros años de su existencia, abordó todos los grandes problemas. Las Cortes Constituyentes, elegidas en junio de 1931, presentaban una mayoría republicana y socialista muy coherente: la orientación reformadora parecía asegurada.

1931-1933. El bienio reformador

La mayoría de los constituyentes, integrada por intelectuales, juristas y viejos políticos, se interesaba, en primer término, por los problemas de la Constitución, la Escuela, la Iglesia y el Ejército, que habían dominado la historia del siglo XIX.

Los problemas políticos. — La *Constitución* fue creada sobre el modelo de la de Weimar, la más democrática en Europa. España fue proclamada «República de trabajadores», no sin producir sonrisas. El parlamentarismo puro triunfó con la cámara única, gobierno permanentemente responsable y sufragio universal, extendido a las mujeres y a los soldados. Sin embargo, la idea de «poder moderador» tuvo un gran papel. El presidente de la República podía disolver dos veces la cámara, si bien quedaba obligado a justificar luego su decisión: el primer presidente, Alcalá Zamora, iba a dar una importancia de primer plano a esta función de equilibrio. Un Tribunal de Garantías juzgaba toda irregularidad constitucional. Las regiones podían pedir un Estatuto de autonomía, pero la palabra «federalismo» no apareció por ninguna parte. En fin, España renunciaba a la guerra y se adhería orgánicamente a la Sociedad de Naciones.

La *obra escolar e intelectual* preocupaba también a los fundadores de la República: profesores, estudiantes, intelectuales del Ateneo y de la agrupación «Al servicio de la República». La Institución Libre de Enseñanza se convirtió en el modelo de la universidad y de los institutos de segunda enseñanza. Pero la escuela primaria fue más difícil de edificar. Para hacer una escuela laica, al modo francés, hubieran hecho falta veintisiete mil nuevas escuelas, pero los créditos sólo permitían empezar con una tanda de siete u ocho mil. Faltaban maestros. Por último, disputar a las congregaciones religiosas sus seiscientos mil alumnos planteaba, además de los difíciles problemas prácticos, la más delicada de las cuestiones psicológicas: la de la religión.

La *cuestión religiosa* era grave. Pasar de una iglesia de antiguo régimen a un sistema laico de tipo francés significaba un gran salto. Los católicos liberales, representados en el poder, habrían aceptado una «separación» que dejase a la iglesia libre, sin quitarle nada de su fuerza adquirida. Pero los republicanos veían un peligro en dicha fuerza y aplicaron leyes especiales (que recordaban a la legislación francesa) a los jesuitas, asociaciones y enseñanza religiosas. Aunque esto no estaba al margen de la tradición, la impresión producida fue muy viva. Azaña declaró que «España había dejado de ser católica». Una extrema izquierda anarquizante, «los jabalíes», hacía gala de ese anticlericalismo popular, muy español, para quien el problema político gira siempre sobre, por o contra «los curas y frailes». El 11 de mayo de 1931 se reanudó una tradición secular: los incendios de conventos, obra de pequeños grupos, pero cubiertos por la multitud con su indiferencia irónica. Cementerios secularizados y crucifijos suprimidos de las escuelas aparecían como victorias para los unos y como «insoportables» atentados a «la libertad» para los otros. Hubo prelados que protestaron y que fueron demandados judicialmente. El episcopado aconsejó la oposición legal, pero desde luego la oposición. La conmoción era grave para un sistema nuevo, abrumado además por otras tareas.

La *cuestión de la fuerza armada* estaba también planteada. Numerosos militares seguían siendo monárquicos de corazón. Para atenuar esta característica de casta, Azaña ofreció el retiro con el sueldo íntegro a los militares que así lo solicitaran. Diez mil de ellos aceptaron, pero guardaron, pese al sueldo íntegro, un rencor de conspiraciones a medio sueldo. Otro caso espinoso fue el de la guardia civil. Temida por su fuerza, el pueblo la detestaba. Nadie se atrevió a afrontar el riesgo de disolverla. Azaña prefirió crear frente a ella unos «guardias de Asalto», fuerza republicana escogida.

El *problema regional* fue al fin resuelto, no sin inquietud. Macià había proclamado, el 14 de abril, «la República catalana», lo que excedía al Pacto de San Sebastián. Mediante una transacción se resucitó el viejo término de Generalitat catalana. Cataluña votó casi unánimemente su Estatuto. La discusión en las Cortes fue bastante dificultosa, pero Azaña logró la decisión con un sólido discurso. El Estatuto daba a Cataluña gobierno, parlamento, administración, justicia, presupuesto y cultura. Los catalanes estaban ampliamente preparados para la experiencia. Pero los delicados problemas de orden público (¿dispondría Cataluña de su policía?) y del traspaso de servicios prolongaron la controversia. Los vascos elaboraron entusiásticamente su estatuto. ¿Cuántas regiones harían lo mismo? Por ironía, los castellanos hablaban de presentar un estatuto de Castilla. El unitarismo se convertía en excelente plataforma de oposición.

Los problemas sociales. — A pesar de todo, el *fondo social* de esperanzas y temores apareció rápidamente. Las clases humildes creían en un cambio de vida. Y desde abril de 1931 comenzó la exportación de capitales.

La *reforma agraria* era la única reforma de estructura formalmente prometida. Pero el acuerdo sobre los principios no se había realizado. «La tierra para quien la trabaja», decían anarquistas y comunistas. Los socialistas: «la tierra al Estado y la explotación a los sindicatos de trabajadores agrícolas». Los liberales decían: «propiedad individual», y los católicos «propiedad familiar e indemnizaciones sustanciales a los expropiados». Hubo que discutir mucho tiempo, bajo garantías provisionales: prohibición de expulsar a los arrendatarios, de trasladar la mano de obra, atribución a los parados de la lista civil de la Corona.

El estudio en la comisión duró hasta mayo de 1932, y el debate parlamentario hasta el 15 de septiembre. Luego, vino el censo. La ley se aplicaba solamente a las regiones de latifundio clásico: Andalucía, Extremadura, La Mancha, Salamanca, Toledo. La expropiación tenía lugar a partir de un «máximo agrario-social», que podía ser de 10 hectáreas en buen terreno de regadío hasta 700 en terreno pastoral y pobre. Las indemnizaciones, calculadas por capitalización del 5 al 20 por 100 según las fortunas, eran pagadas parte en numerario y parte en bonos del 5 por 100 amortizables en cincuenta años. Sin embargo, el campesino beneficiario (jornalero, pequeño arrendatario o ínfimo propietario) sólo tenía un *usufructo inalienable* y pagaba una pequeña renta al Estado. Se concedían ventajas para estimular la explotación colectiva. Un Instituto de Reforma Agraria, comités provinciales y comunidades locales estaban encargados de aplicar la reforma. A fines de 1933 habían instalado 8.600 familias, habían expropiado 89.000 hectáreas y autorizado «la ocupación temporal» de otras tantas aproximadamente. Bien poco era. Y eso mismo debido en gran parte a un incidente político: la expropiación sin indemnización, aplicada a los «grandes de España» después de una tentativa de golpe de estado militar en agosto de 1932. La reforma normal habría sido todavía más lenta.

Verdad es que los salarios habían aumentado (de 3 a 5

pesetas la jornada media) y los precios de arrendamiento bajado. Pero la caída correlativa del precio de las tierras, la espera de la reforma y la agitación campesina habían producido el abandono de cierto número de explotaciones, con lo que el paro aumentó. Los socialistas quisieron canalizar la impaciencia de los campesinos; en dos años su Federación de Trabajadores de la Tierra reunió trescientos noventa y dos mil afiliados. Se sospechó que buscasen el apoyo del poder. Pero Andalucía siguió siendo anarquista, y la agitación recobró sus formas del siglo XIX: ocupaciones, talas de árboles, cazas furtivas y a veces incendios. El conflicto cotidiano con la guardia civil adquirió una dureza que alarmó a la opinión: en Castilblanco fue una matanza de guardias, y en Arnedo los fusiles de los guardias ametrallaron a la población. Todo esto culminó, el 12 de enero de 1933, en el pueblo andaluz de Casas Viejas. La represión de un *putsch* anarquista produjo veintiuna víctimas, entre las cuales doce detenidos ejecutados por orden expresa. Esta vez la represión fue realizada por la guardia de Asalto y Azaña considerado como responsable. Por ella, «Casas Viejas» se convirtió en un incidente *políticamente* decisivo. En realidad, significaba aún más: la reforma agraria, paulatinamente aplicada, no había conquistado el alma de los campesinos. No había sido ni la noche del 4 de agosto, ni el decreto de Lenin. En 1933, la masa agraria se desviaba de la República para unirse al movimiento obrero en las filas de la oposición.

El *movimiento obrero* sonrió, al principio, a la República. Los socialistas tenían tres de los suyos en el poder. Los jefes sindicalistas de Barcelona (Pestaña, Peiró) habían aconsejado votar por Macià. Se votó rápidamente una legislación social inspirada por las directivas de Ginebra, y se practicó una política de salarios elevados. *Pero se estaba en 1931-1933, en plena crisis mundial.* Para que la producción no hubiera sido perjudicada, hubiera hecho falta planear una *completa direc-*

ción de la economía y de la moneda. Pero se mantuvo en hacienda a clásicos representantes del capitalismo medio, de tradiciones liberales, como el catalán Carner. Esta contradicción no podía ser duradera. Y, cuando la UGT socialista quiso limitar las reivindicaciones la CNT anarcosindicalista la trató en seguida de «amarilla».

Ya en junio de 1931, Indalecio Prieto tuvo que sofocar una huelga. Al mismo tiempo, la CNT había evolucionado netamente; uno de sus congresos, celebrado en mayo, aún aprobó a la dirección barcelonesa de los moderados Pestaña y Peiró, pero en junio fueron criticados, y en agosto dejados en minoría. Después de un manifiesto sensacional (el manifiesto de los «treinta»), tuvieron que abandonar la dirección del sindicalismo a la Federación Anarquista Ibérica (FAI), que redactó desde entonces el diario sindical *Solidaridad Obrera*. El anarquista Durruti esperaba hacer de la Barcelona obrera «la capital espiritual del mundo».

Por último, el gobierno tomó responsabilidades sangrientas: en julio de 1931 cayeron en Sevilla las primeras víctimas obreras; en septiembre, en Barcelona, el gobernador Anguera de Sojo se creó la reputación de un nuevo Martínez Anido, y la Ley de Defensa de la República, elaborada por él y por Azaña, suspendió las garantías liberales de la Constitución. En enero de 1932, estalló una rebelión en la zona montañosa de Cataluña, con motivo de los salarios textiles (se trataba de hacer pasar la escala de 12-30 a 25-40 pesetas por semana); algunos pueblos proclamaron el «comunismo libertario»; el ejército restableció el orden y los dirigentes fueron deportados a Villa Cisneros. La propaganda obrera estuvo centrada todo el año contra la Ley de Defensa y en favor de los deportados. La FAI tenía siempre esperanzas en el *putsch*. En enero de 1933 intentó ligar una huelga general con la agitación agraria. Esto dio lugar al drama de Casas Viejas. Se produjo entonces una ofensiva psicológica contra Azaña. Los socialistas no se atrevieron a mantener con él ninguna alianza. Aislados, en las elecciones de noviembre de 1933, pierden la mitad de sus diputados. Y la abstención anarquista, esta vez popular, asegura a las derechas un éxito de proporciones inesperadas.

Así murió la República reformista y jacobina, por haberse creído capaz de reformar España sin dar inmediatas satisfacciones a las masas agrarias, y de luchar abiertamente contra el sector obrero más fuerte.

La conjunción de las oposiciones; el fracaso de Azaña. — La oposición contra Azaña y su mayoría parlamentaria (a su vez en crisis) iba creciendo. Una *oposición del centro* unió a los liberales doctrinarios con los sostenedores de una República conservadora (dos psicologías que, sin confesarlo siempre, coincidían la mayoría de las veces). Los intelectuales derramaban lágrimas sobre una realidad demasiado alejada de sus sueños. Las decepciones de Ortega y de Unamuno llenaban las columnas de la prensa. Un solo hombre se presentaba como capaz de gobernar desde el centro: Lerroux, «republicano histórico», antisocialista, demagogo de otros tiempos y ahora arrepentido, a quien adoptaba todo un sector prudente de la opinión. Pero el tradicionalismo sentimental y la agitación militar hacían ya prever otras formas más brutales de oposición.

La *oposición de derecha* había dado ya pruebas de cierta inadaptación a las reglas parlamentarias, cuando, batida la minoría en el asunto de las leyes religiosas, había abandonado las Cortes. Los generales conspiraban desde 1931. El 10 de agosto de 1932, Sanjurjo, ex jefe de la guardia civil, relevado después del incidente de Arnedo, sublevó a la guarnición de Sevilla. Demasiado pronto. El movimiento fracasó en Madrid, lo que al mismo tiempo sirvió para consolidar a Azaña. La derecha volvió a la oposición legal. Por sus tendencias, se hallaba dividida :«agrarios», «acción popular», «Renovación Española», monárquicos, tradicionalistas, etc. Sus consignas eran negativas: contra la Constitución, contra el laicismo. Pero el lazo de unión seguía siendo el viejo complejo de la «España negra»: arriba, intereses agrarios, y abajo, tradición y religión. El clero movilizaba a la opinión rural y a la masa electoral femenina. Por fin, se obtuvo una cohesión parcial por medio de la Confederación Española de Derechas Autónomas —CEDA—, con un jefe joven y al parecer brillante: Gil Robles.

Sin embargo, otras *nuevas formas de oposición* se abrían paso, cuyos nombres se ampliarán a menudo indebidamente, pero que, en 1931-1933, nacían o se organizaban apenas.

En 1931, el *comunismo* aún se había manifestado poco entre socialismo y anarco-sindicalismo.

El Partido Comunista Español, afiliado a la III Internacional, apenas contaba entonces unos tres mil miembros; sus posibilidades radicaban sobre todo en Asturias y en el País Vasco. Sin embargo, en julio de 1931, intervino en los combates de calles de Sevilla. En Madrid agrupaba a algunos jóvenes, entusiastas, pero poco numerosos. Además, se trataba para él de una época de afirmación doctrinal («clase contra clase») y de depuraciones. Fue el primero en denunciar la «república burguesa», pero su periódico *Mundo Obrero,* irregular, de pequeño formato y frecuentemente prohibido, no podía competir con la prensa anarquista y socialista. No fue elegido ningún diputado comunista en las primeras elecciones a Cortes.

En Cataluña, principal foco obrero, la Federación Comunista Catalanobalear, ampliada en Bloque Obrero y Campesino, era un sector disidente en violenta querella con la Internacional. Maniobrando entre anarquismo y catalanismo, contaba con buenos propagandistas (Maurín, Arquer, Miravitlles) y una prensa activa, pero en 1931 no pudo reunir más de diez mil votos.

El comunismo (y «Moscú» aún menos) no tenía, pues, ningún papel directivo en la República, a no ser en la imaginación y la propaganda adversas. Pero al denunciar, al mismo tiempo, al reformismo y al apoliticismo, atrajo pronto a aquellos que habían sido decepcionados por este período: jóvenes anarquistas ávidos de doctrina, jóvenes socialistas ávidos de acción; más tarde, en 1936, desarrollará esas posibilidades.

Fascismo es el término peyorativo dado por la izquierda a toda agitación de derecha. Gil Robles favorece la acusación. Visita Alemania, organiza concentraciones simbólicas y se hace saludar a los gritos de «jefe, jefe, jefe». Sin embargo, algunos grupos más exaltados lo denunciarán pronto como temperamento de jurista y parlamentario en realidad.

Uno de esos grupos da su primera fe de vida un mes antes del 14 de abril, con el primer número de *La Conquista del Estado,* de Ledesma y Giménez Caballero. La inspiración hitleriana era indiscutible, siendo reemplazado el racismo por la mística del pasado imperial español. En Valladolid, aparece *Libertad,* de Onésimo Redondo, cuya idea central es el unitarismo castellano. Las dos tendencias se unen en las Juntas de Ofensiva Nacional Sindicalista (JONS), en que el «sindicalismo» aparece como un término «específicamente» español. El símbolo (yugo y flechas de los Reyes Católicos) fue propuesto por Juan Aparicio, joven estudiante de Granada. El 10 de octubre de 1931 aparece el programa de las JONS: antiliberalismo, antimarxismo, antisemitismo, Estado fundado en las «entidades protegidas», ideal de tradición hispánica, aspiraciones sobre Gibraltar y Tánger.

La *Falange* de José Antonio Primo de Rivera vino poco después. Nació entre pequeños grupos monárquicos, convencidos por la crítica de la dictadura de 1923, hecha por el propio hijo del dictador. Éste expuso su doctrina el 29 de octubre de 1933, en el teatro de la Comedia, de Madrid. «Ni derecha, ni izquierda»; ni capitalismo, ni socialismo: revolución en la «manera de vivir», llamamiento al héroe. España se ha negado al capitalismo, a la Reforma, al liberalismo, y es capaz de dirigir la «revolución del siglo xx». El llamamiento final es lírico y el joven jefe tiene prestigio; su recurso a la violencia está dentro de la tradición. No obstante, los republicanos se inquietan poco, puesto que el grupo es aún reducido y mirado con recelo por la derecha tradicional. Gil Robles les parece un enemigo más serio.

La *conjunción de las oposiciones* contra Azaña encontró un pretexto en Casas Viejas. En abril de 1933, unas elecciones parciales fueron desfavorables a éste; lo mismo ocurrió en septiembre con las elecciones al Tribunal de Garantías. Alcalá Zamora le obligó entonces a retirarse. Un gobierno Lerroux no obtuvo éxito. En octubre de 1933, Martínez Barrio fue encargado de un gabinete de liquidación; las Cortes Constituyentes fueron disueltas. Azaña, creyendo que tenía aún el país con él, había hecho votar una *ley electoral favorable a las mayorías compactas* que, combinada con la *abstención anarquista,* acentuó la expresión del cambio producido en la opinión. Doscientos puestos para las derechas, ciento cincuenta diputados del centro agrupados en torno a Lerroux, anunciaban una violenta reacción contra el primer «bienio».

1934-1936. El «bienio» de reacción o «bienio negro»

De enero a octubre de 1934, tres problemas se agravaron, conduciendo a un conflicto violento: problema político, problema social y cuestión catalana.

El *problema político* es arduo. La derecha, para no dividirse, no ha dado su adhesión a la República: la opinión, dice la prensa republicana, no admitiría que se entregase el régimen a sus enemigos. Así, pues, Lerroux gobernará sin la derecha, pero bajo su presión. «Tomaremos el poder cuando queramos», declara Gil Robles en una gran concentración en El Escorial. El radical Martínez Barrio critica entonces a Lerroux, le abandona en el mes de abril y, en agosto, escinde el partido. El propio presidente de la República, inquieto por el «acto» de El Escorial, y fiel a su función «moderadora», se niega a reintegrar a sus puestos a los militares sublevados en agosto de 1932. Lerroux cede el poder a Samper, un radical de segundo orden, en medio de una atmósfera de inquietud.

La *agitación social* comienza a partir de las elecciones. En diciembre de 1933, un *putsch* «comunista libertario» estremece Aragón y Extremadura. La CNT, disuelta en principio, no deja por eso de inspirar las huelgas: en abril-mayo, Zaragoza es paralizada por una huelga total que sostienen generosamente otras ciudades obreras. La situación se agrava. Hay seiscientos mil parados. La UGT opta por Largo Caballero contra Besteiro, esto es, por la táctica revolucionaria. Los acontecimientos de febrero de 1934 en Austria y Francia, y luego el «viraje» comunista, dejan sentir su influencia. Una consigna de *unidad* corre por todas partes: «alianzas obreras». Prieto reconoce que el impulso unitario «viene de las masas».

Pero, entre esos seiscientos mil parados, cuatrocientos mil son campesinos. La Federación agraria se agita. En febrero, se han reorganizado los jurados mixtos en contra suya. Se ha ordenado el abandono de las tierras ocupadas temporalmente. En mayo, se anula la expropiación de los grandes de España y las leyes de arrendamientos y salarios. Los campesinos intentan la «huelga de la cosecha». El gobierno se opone por la fuerza, y dice que «no pasa nada», pero en realidad hay muertos. La huelga fracasa y deja gran amargura.

La *cuestión regional* incide, al mismo tiempo, sobre otro conflicto agrario. Macià muere a fines de 1933. Pero las elecciones municipales confirman en Cataluña una mayoría de izquierda. Por contraste con Madrid, la Generalitat se convierte en «bastión de la República». Apoya las reivindicaciones sociales de los clientes del partido dominante (la Esquerra Catalana): empleados (CADCI) y arrendatarios («rabassaires»). Una «ley de contratos de cultivo» de abril de 1934 convierte en obligatoria, en ciertos casos, la cesión de las tierras a los arrendatarios deseosos de adquirirlas. Los propietarios hacen que la Lliga denuncie la ley como inconstitucional ante el Tribunal de Garantías, el cual la anula. El Parlamento catalán la vota de nuevo. Por su parte, los vascos se agitan y convocan a elecciones municipales extralegales.

Al final de las vacaciones parlamentarias, es derribado el gabinete Samper, acusado de debilidad ante tantos incidentes. Lerroux forma nuevo gobierno y da entrada en él a tres miembros de la CEDA. Era la prueba que se esperaba.

Azaña llama «a todos los medios de defensa de la República»; Martínez Barrio y Sánchez Román niegan «toda colaboración» al gobierno. Incluso el moderado Miguel Maura denuncia «la República desfigurada». ¿Quedará todo en condenas verbales? Madrid y Andalucía parecen tener su combatividad un poco desgastada; las manifestaciones no tienen gran envergadura en ellas. Pero en dos puntos del país estallan dos verdaderas revoluciones que, por otra parte, son muy distintas.

Octubre de 1934. Revolución en Cataluña y en Asturias.— En *Cataluña,* el movimiento viene de arriba y fracasa rápidamente. Companys, sucesor de Macià en la Generalitat, apadrina, el 5 de octubre, una huelga general declarada por la UGT, el CADCI, los comunistas disidentes y las juventudes nacionalistas catalanas, armadas por el consejero de Gobernación de la Generalitat. Pero este último, Dencàs, quiso descartar a la FAI, la que, a su vez, mantuvo a la CNT en una neutralidad irónica. La masa obrera barcelonesa, así disociada, no fue armada. Cuando, el 6 de octubre, Companys proclamó, sin gran convicción, «el Estado catalán dentro de la República federal», le bastaron al general Batet, comandante de la guarnición, quinientos hombres y algunos cañonazos para obtener la rendición de los insurrectos atrincherados sumariamente en sus centros (táctica tradicional). En el campo hubo incidentes sangrientos, pero no insurrección de masas. En Madrid, la derrota catalana consolidó a Lerroux. La Falange lo aclamó. ¡Gil Robles se incorporó a la República!

En *Asturias,* el movimiento vino de abajo y, a diferencia del de Cataluña, se caracterizó por la *unidad revolucionaria* y el *armamento de los obreros.* Anarquistas de Gijón, mineros socialistas, comunistas cuya influencia crecía, olvidando sus querellas en la «Alianza Obrera», se lanzaron a la insurrección el día 5 de octubre.

El centro del movimiento fueron las minas de Mieres. Los cuarteles de la fuerza pública cayeron en poder de los revolucionarios, y más tarde las fábricas de armas de Trubia y la Vega. Oviedo fue tomado por ocho mil mineros; la tropa resistió; la aviación bombardeó. Durante nueve días, la ciudad y la región vivieron bajo una estricta organización revolucionaria, militar y económica. Pero pronto se encontraron aisladas. El ejército y la guardia civil llegaban por los puertos de la montaña, y los regimientos marroquíes del general López Ochoa desembarcaban. Los revolucionarios tuvieron que dispersarse por aldeas y montañas. Jefes, militantes y mujeres cubrieron la retirada con heroísmo desesperado. El episodio había durado quince días.

Durante un año, la prensa oficiosa iba a utilizar cotidianamente el tema de las «atrocidades» revolucionarias, mientras que a escondidas circulaban los más espantosos relatos de la represión. España había tenido su *Commune*: fantasma aterrador para los unos, símbolo que exalta el heroísmo y las desdichas obreras para los otros.

De octubre de 1934 a febrero de 1936. — ¿Por qué, en febrero de 1936, el péndulo electoral viró hacia la izquierda? Algunos grandes hechos, acaecidos en 1935, permitirán explicar el fenómeno.

1.º *La deflación,* en pleno marasmo económico.

2.º *La reacción social.* Después de octubre, el estado de excepción permitió una violenta reacción social: obreros despedidos, salarios disminuidos... En el campo, sobre todo en Cataluña, las expulsiones de arrendatarios tomaron carácter de represalias. La reforma agraria fue suspendida. Giménez Fernández, ministro social-cristiano, que quería por lo menos preparar el acceso a la propiedad de los yunteros de Extremadura (jornaleros que poseen una yunta de labranza), se vio responder por un diputado que, si las encíclicas le desposeían, ¡se haría cismático! Lo que más asombro produjo fue el voto de una considerable indemnización —unos 230 millones— para los grandes de España expropiados en 1932. Las izquierdas declararon esta medida ilegal. Los campesinos, olvidando sus decepciones del primer «bienio», se incorporaron en masa al Frente Popular.

3.º *La política del presidente de la República.* Por paradoja de una Constitución ultraparlamentaria, aunque la oposición era casi ilegal, hubo siete gabinetes en año y medio. Esto ocurrió porque el presidente Alcalá Zamora no veía con buenos ojos a Lerroux y temía los excesos de las derechas. En diciembre de 1935, formó un gabinete centrista a su gusto (Portela Valladares), para disolver el Parlamento y presidir nuevas elecciones. La campaña electoral devolvió la libertad a la prensa, por la cual entraron en juego o fueron revalorizados otros elementos psicológicos.

4.º *El efecto psicológico de la represión de octubre.* La derecha había querido la severidad, y Lerroux unas cuantas cabezas; Alcalá Zamora había salvado a los jefes, pero dejó ejecutar subordinados. Con la libertad de prensa apareció el drama vivido por los humildes. El efecto de las campañas contra los insurrectos se volvió contra sus autores y octubre fue santificado. El fantasma fue entonces la guardia civil y el moro.

5.º *Los escándalos en torno a Lerroux.* El séquito de Lerroux tenía mala fama, y dos escándalos vinieron a confirmarla: cohecho en las autorizaciones de un juego de azar e indemnización excesiva en un asunto colonial. Más grave era la atribución de ciertos servicios de importancia (como la Generalitat catalana) a personas desde hacía tiempo desacreditadas. El nombre de «estraperlo» (el de un juego de ruleta con trampa) quedó para designar este período.

6.º *El equívoco en torno a Gil Robles.* Gil Robles se había enajenado las simpatías de los monárquicos por haber aceptado la República, y las de los fascistas por su parlamentarismo. Pero seguía siendo sospechoso para los republicanos. ¿Por qué había exigido el Ministerio de la Guerra? ¿Qué tramaba allí con Franco, su jefe del Estado Mayor Central? ¿Por qué las juventudes de su partido recibían aquí y allí funciones de policía armada? ¿Por qué se hacía la campaña electoral sólo sobre su nombre, a los gritos de «jefe, jefe, jefe», con retratos cuyas dimensiones cubrían cuatro pisos? El bloque «antifascista» se justificaba bien.

Considerando este haz de elementos, se adivina cómo Azaña pudo recuperar la popularidad, y cómo triunfó el Frente Popular, constituido entre junio y agosto de 1935, por negociaciones de sindicatos y partidos de izquierda puestos de acuerdo sobre un programa de catorce puntos. Las elecciones, celebradas el 16 de febrero de 1936, constituyeron, por tercera vez en seis años, una sorpresa brutal.

Febrero-julio de 1936. De las elecciones al pronunciamiento

En efecto, se concedían escasas posibilidades de triunfo a las izquierdas, cuyos militantes estaban en la cárcel, sus ayuntamientos suspendidos y cuya campaña electoral había sido breve. Los poderes públicos apoyaban el centro. La derecha había realizado una aparatosa movilización «contra la revolución», anunciando su esperanza de contar con 300 diputados, y se habían negado a modificar la ley electoral favorable a las mayorías locales. La primera vuelta electoral otorgando esas mayorías al Frente Popular (incluso si éste no totalizaba mucho más del 50 por 100 de los votos), significaba un cambio diametral de la mayoría, que fue confirmado por las elecciones parciales. Los «tándems» simbólicos fueron derrotados (Gil Robles-Calvo Sotelo en Madrid, Lerroux-Cambó en Barcelona). Fue tal la consternación, que se le cedió el poder a Azaña veinticuatro horas más tarde. Los gobernadores de provincias se retiraron sin esperar la llegada de un sucesor. El fracaso de la consigna «contra la revolución» dio un sentido revolucionario a unas elecciones, unas Cortes y un programa aparentemente más moderados que en 1931.

Disturbios esporádicos respondieron a esta sorpresa. En los pueblos se pensó: «los curas han perdido», hay que desarmar a sus amigos y vengar los atropellos; de ahí vinieron los numerosos asaltos contra iglesias, conventos y centros de Acción Popular. La agitación agraria se reanudó también: los arrendatarios expulsados volvieron a las tierras y la reforma fue reemprendida espontáneamente; en dos provincias (Toledo y Badajoz) se repartieron así 250.000 hectáreas de tierra, en el espacio de tres meses, más de lo que se habían repartido en toda España desde 1900. Poblaciones de menos de tres mil almas entraron en conflicto con la guardia civil.

En las ciudades, la agitación tenía otros objetivos: *libertad de los presos* (había treinta mil; los dirigentes salen pronto, pero las mujeres de los suburbios encuentran lento el movimiento); *indemnizaciones* por las represalias sufridas.

La *posición del gobierno* sufrió entonces duros ataques. Gil Robles y Calvo Sotelo pintan la situación con tintas negras (que se amplifican curiosamente por la campaña electoral francesa). La extrema izquierda opone un argumento pasional pero sensible: «Silencio a los verdugos de octubre». De hecho, el poder piensa sobre todo: que no haya un nuevo Casas Viejas; la menor orden de carácter brutal dada a las fuerzas derivaría en tragedia. Azaña no quiere volver a ser aislado del pueblo. Pero él sigue y no dirige. El apoyo prestado a la calle continúa siendo negativo y no es interpretado más que como signo de impotencia. Las formaciones fascistas adoptan el método de los pistoleros: el vicepresidente socialista de las Cortes es agredido, y el magistrado que condena a los agresores es asesinado. Prácticamente, tanto en el Parlamento como en la calle, *las costumbres del siglo XIX* siguen dominando. La gente se apasiona por el caso del presidente de la República, que ha terminado por no contestar a nadie; al reemplazarlo por Azaña, la izquierda pierde su único presidente del Consejo posible. Madrid da pruebas de una sensibilidad primitiva, digna de 1835: una historia de caramelos envenenados provoca una marcha general contra los conventos. Naturalmente, los generales conspiran: no han cesado de hacerlo desde 1931. Pero cuando los comunistas piden que se detenga a los más sospechosos (Goded y Franco), el gobierno prefiere hacerles caer en desgracia, enviándolos el uno a Canarias y el otro a Baleares. ¡Clásico precedente de todo pronunciamiento! Sin embargo, el presidente del Consejo, Casares Quiroga, se ha proclamado «beligerante contra el fascismo»; no cabe duda que conoce la existencia de un complot. Pero finge no ver en ello más que «rumores de café». Sobre todo esto, sucede que el 12 de julio Calvo Sotelo, jefe de la oposición, es asesinado por unos oficiales de Asalto que, al parecer, querían vengar así la muerte de uno de sus compañeros republicanos. Pero la responsabilidad del gobierno resulta comprometida. Y no se atreve ni siquiera a prohibir las manifestaciones contradictorias en ocasión del entierro de las dos víctimas.

El 17 de julio estalla la sublevación militar.

La guerra civil (1936-1939)

Del pronunciamiento a la guerra civil

¿«Pronunciamiento»? ¡No! «Alzamiento nacional», dice el régimen franquista al calificar sus orígenes. Sin embargo, ¡qué tipo tan perfecto de pronunciamiento el del 18 de julio!

Desde hacía meses conspiraban los oficiales. Su jefe es el responsable exilado del último complot, Sanjurjo, coligado con un político, Calvo Sotelo. Tienen contactos en las guarniciones, en los partidos y en el extranjero (Alemania, Italia e incluso Inglaterra). Deben lanzarse en mayo, luego se deja para fines de julio, y al fin deciden aprovechar el efecto moral producido por la muerte de Calvo Sotelo. El día 17 da la señal el ejército de Marruecos, instrumento seguro; el 18, los generales en desgracia, Goded en Baleares y Franco en Canarias, toman sus medidas locales y luego se incorporan a los puntos sensibles, el primero a Barcelona y el segundo a Marruecos. Ese día «se pronuncian» todas las guarniciones, salen a la calle y proclaman el «estado de guerra». Si se prevé poca resistencia, la autoridad civil «cede a la fuerza»; si se prevé mucha, los militares se encuentran más divididos y algunos sólo se incorporan bajo la amenaza; la suerte da vueltas en un juego de azar. En Sevilla, Queipo de Llano se gana la guarnición mediante una tragicomedia, y luego aplasta los arrabales.

En Málaga, triunfa la energía del gobernador civil. En Aragón, la policía asegura la victoria del «Movimiento»; en Barcelona, la guardia civil permanece junto al gobierno. En los casos desesperados prevalece la tradición defensiva: se finge fidelidad para ganar tiempo y armas, y luego se sostiene el asedio con encarnizamiento; así ocurre en Madrid con el cuartel de la Montaña, en el alcázar de Toledo, o en Oviedo con el coronel Aranda.

Todo esto pertenece aún al siglo XIX. Sólo en la medida en que el pronunciamiento, *técnicamente* logrado, fracasa *políticamente* en las partes vitales del país, va a significar su transformación en revolución y guerra civil.

En efecto, el golpe de estado *triunfó,* en el sentido de que privó a la República de casi todos sus cuadros militares; jamás gobierno alguno resistió en el siglo XIX un caso semejante. Pero el golpe de estado *fracasó* en el sentido de que el ejército no reconstituyó los poderes sino sobre una parte restringida del territorio; en las otras partes *fue desarmado por la población* y el gobierno no se consideró vencido, *a pesar de la destrucción del instrumento militar.* Aquí es donde se producen los grandes cambios. Lo mismo que el parlamentarismo de 1932 no había podido gobernar *sin* las masas, el pronunciamiento no pudo imponerse *contra* ellas.

Por primera vez el *ejército* son también los *soldados,* en Madrid, Valencia y Barcelona los soldados se pasan, en cuanto pueden, al lado del pueblo. Y en los cuatro quintos de las unidades de la marina, los marineros y suboficiales ejecutan y reemplazan a sus jefes sublevados. Por otra parte, el *pueblo* no es una vaga muchedumbre: partidos, sindicatos, «juventudes» dan los cuadros de los combatientes populares en cuanto el gobierno acepta apoyarse en ellos. A partir de ese momento, la fuerza de los jefes militares tiene un contrapeso. Por añadidura, los *bloques regionales* se definen contra el pronunciamiento: efecto de los «nacionalismos» vasco y catalán. Por último, el gobierno encuentra el apoyo (por lo menos moral) de *capas sociales medias,* más numerosas que en el siglo XIX, porque tiene con él la legalidad, y contra él la «España negra» de los sacerdotes y de los generales, vieja pesadilla del liberalismo.

Esta «España negra» no es ya la masa; sin embargo, ésta no ha desaparecido. El general Mola moviliza al viejo carlismo. Los conventos dan asilo a los insurrectos y predican «la cruzada». Los partidos de derecha están dispuestos a recuperar sus posiciones del «bienio negro». Sus juventudes, decepcionadas por Gil Robles, pasan a los grupos fascistas. Esta vez, no se trata de una lucha superficial entre pequeñas minorías. Una guerra civil ha comenzado.

Las operaciones militares

Desde los días 20-21 de julio se perfilaba ya una división militar y geográfica, que era favorable al gobierno. Aparte de Marruecos y las islas, los insurgentes sólo tenían las montañas de Aragón, Navarra, Galicia y la meseta de Castilla la Vieja, con una punta en el sur hasta Cáceres; y, por último, la costa andaluza de Algeciras a Huelva. ¿Qué trozos del territorio así repartido podrían reunirse primeramente? Ese fue el objeto, en primer término, de las operaciones militares.

Batalla por los enlaces. — La zona sublevada de Navarra y Castilla podía sostener una guerra de tipo carlista, pero la decisión dependía de las tropas de choque marroquíes. Ahora bien, la marina, que había resistido al movimiento, cerraba el paso del estrecho. Aquí fue donde Franco (convertido en jefe de la zona sur por la muerte accidental de Sanjurjo) encontró apoyos exteriores. Pudo comprar aviones de transporte; en Tánger se regateó el avituallamiento de la flota gubernamental y los bombarderos italianos la dispersaron en el momento oportuno. Algunos transportes por aire y un desembarco en Algeciras resolvieron el gran problema de Franco. El 14 de agosto, la columna marroquí de Yagüe estaba ya en Badajoz, donde el combate terminó en matanza: la unión sur-norte estaba asegurada. Durante ese tiempo Mola, en el norte, había atacado Irún, cuya toma, el 15 de septiembre, aisló a la zona vasco-asturiana. Faltos de un instrumento de choque, los republicanos habían perdido su primera posibilidad, que hubiera sido mantener disociado al adversario.

Batallas por Madrid. — Tener Madrid podía significar la victoria. Yagüe comenzó la marcha de aproximación desde que liberó el alcázar de Toledo (27 de septiembre). A fines de octubre Madrid estaba cercado por tres lados; el 6 de noviembre el gobierno abandonó la capital; el 7 los moros llegan a los puentes del Manzanares; el 9 es el asalto general. Sorpresa: el asalto fracasa. Los refuerzos han llegado de todas partes. Las brigadas internacionales han aportado a la defensa la experiencia de los combatientes del 14. El frente se estabiliza. Otros dos intentos fracasarán igualmente: en febrero, un ataque sobre el Jarama (combinado con una ofensiva italiana, que triunfa, sobre Málaga), luego una tentativa motorizada hacia Guadalajara que desbarató un contraataque. A partir de ahora, Madrid ya no será atacado.

Reducción de los frentes cercados. — La ofensiva contra la zona vasco-asturiana comenzó el 31 de marzo de 1937 y se caracterizó por nuevas experiencias: bombardeos aéreos en masa de Durango y Guernica, ineficacia del cinturón fortificado de Bilbao, que cayó el 19 de junio. Los republicanos reaccionaron con operaciones de diversión: sobre Brunete (cerca de Madrid, del 5 al 24 de julio), sobre Belchite (Aragón, 3 de septiembre); en agosto, los italianos tomaron Santander. Asturias cae en octubre. El gobierno sólo tiene la tercera parte del territorio, pero hay en él la mitad de la población. Sus dificultades económicas van a aumentar, aunque la guerra sigue siendo posible.

Batallas de Aragón. — El final de 1937 se señala por un gran esfuerzo republicano: la toma de Teruel retrasa hasta marzo de 1938 una gran ofensiva franquista para aislar Cataluña y cortar Madrid del mar. No obstante, en el mes de abril, se logra el primero de estos objetivos: Cataluña queda separada de Valencia cerca del delta del Ebro. En mayo y junio la marcha sobre Valencia rebasa Castellón, pero se detiene bruscamente el 24 de julio, cuando el ejército gubernamental toma la ofensiva en el Ebro. Todo el verano transcurre en una batalla de desgaste y de artillería que, por primera vez, recuerda a 1914, y que quema al ejército republicano de Cataluña (ocho mil bajas, según se dice). En noviembre, luchando palmo a palmo, es rechazado al otro lado del río. La ofensiva suprema tendrá lugar en Navidad.

Caída de Cataluña y fin de la guerra. — El ataque, sostenido por aire, crea dos bolsas, explotadas por desbordamientos rápidos, gracias a las columnas motorizadas: es ya un nuevo tipo de guerra. El ejército republicano, sorprendido y mal pertrechado, tiene que retroceder o dejarse cercar. El 26 de enero, cae Barcelona. En febrero, se termina la campaña. Cuatrocientos mil refugiados pasan a Francia. El gobierno Negrín vuelve a Valencia, pero sólo los comunistas le apoyan para continuar la lucha. Contra ellos se forma en Madrid una junta con objeto de negociar la rendición. Pero vencer la oposición comunista cuesta varios días de combate. Franco puede hacer ocupar Madrid el 28 de marzo. Es el fin de la guerra.

Las condiciones de la guerra

Este paso de una guerra de motines, de columnas y de guerrillas a la guerra más moderna, dependió de condiciones a la vez militares y sociales, españolas e internacionales.

En el campo insurrecto, como las tropas de choque no eran suficientes, hubo que *movilizar* y hacer oficiales a todos los jóvenes de las clases acomodadas. No obstante, sin material, sin marina y sin industria, la modernización de la guerra, que dio la victoria, no hubiera sido posible sin la ayuda extranjera.

Los republicanos disponían de masas de hombres entusiastas, de la marina y de las regiones industriales. En una guerra española de tipo antiguo, su superioridad hubiera estado asegurada. Pero a condición de ganar tiempo para reorganizar un ejército. Los oficiales eran sospechosos, incluso los que habían permanecido leales, y la juventud instruida poco segura. Hubo que obtenerlo todo del entusiasmo de los militantes. Y en primer lugar vencer en ellos el mito anarquista de la «indisciplina» («milicianos sí, soldados no»), que impidió durante largo tiempo la movilización y el mando único. Los ejércitos del comienzo son una curiosa floración revolucionaria. Desde que hubo un frente verdadero, fue necesaria otra cosa. Los comunistas hicieron el mayor trabajo de organización: regimientos modelo, escuelas de oficiales, apoyo otorgado a los asombrosos generales populares que España suscitó una vez más, como un Líster. Los resultados se dejaron sentir un poco tarde, bajo el gobierno de Negrín en 1938, cuando las buenas tropas estaban desgastadas, la retaguardia mal alimentada y Cataluña, aislada, incapaz de proporcionar un material moderno contra el que, venido de fuera, cambiaba el aspecto de la guerra.

La intervención extranjera había dominado la transformación. La Italia mussoliniana había intervenido teatralmente.

Sus aviones aseguraron el paso del estrecho a Franco. Mallorca fue controlada. Las «flechas negras» se hicieron presentes en Málaga, Guadalajara, en el norte, en Tortosa, y en la última campaña. Setenta mil «voluntarios» eran pagados a medias por Franco y por Mussolini. La ayuda hitleriana, más discreta, fue también más egoísta, de tipo técnico y controlada siempre por alemanes; los técnicos de enlaces, de la radio, de la DCA, de la aviación fueron a España a practicar, por períodos de seis meses, convocados secretamente. En 1940, los aviadores alemanes contarán sus victorias en España en sus hojas de servicio. La campaña de Cataluña fue, desde el punto de vista técnico, la necesaria experiencia motorizada antes de las campañas de Polonia y Francia.

En el otro campo, sólo se habló del apoyo ruso: envío de técnicos (poco numerosos) y de material rústico, pero abundante y sólido, envío sin embargo dificultado por los intermediarios y las distancias. Al principio, los republicanos contaron más con Inglaterra y Francia. Pero el sistema Chamberlain y la influencia de grandes intereses en Inglaterra, y una verdadera guerra civil moral en Francia, condujeron por un lado a la ineficaz construcción jurídica de la «no intervención», y de otro lado a una lucha entre propagandas, órganos políticos, comercios disfrazados y tendencias contradictorias de funcionarios. Los republicanos pudieron reclutar voluntarios y adquirir material (no sin intermitencias), pero de ningún modo compensar la masiva intervención italo-alemana. La España de 1936, como la España de 1808, se convirtió en el centro de las pasiones y decepciones del mundo. Por esto mismo es difícil escribir su historia. Sólo intentaremos aquí situar cada una de las dos Españas frente a los grandes problemas que este libro se ha esforzado en plantear, distinguiendo todo lo que sea posible entre vocabulario y psicologías, legislación y realidades prácticas.

La evolución interna de las dos Españas (1936-1939)

Evolución política. — El problema político de cada campo (pero dominado por las necesidades de guerra, el estado de los recursos y las actitudes extranjeras) fue reconstituir los poderes, conciliar las tendencias renovadoras con las viejas fórmulas.

En la zona republicana se produjo, el 18 de julio, el estallido de poderes, clásico en España.

En Aragón y alta Cataluña se renovó la experiencia «cantonalista» de 1873. El gobierno catalán, ante la fuerza obrera armada, respaldó una revolución sindicalista (no marxista), entregada de hecho a las iniciativas locales. En Madrid, y luego en Valencia, donde la masa popular era comunista o socialista, Giral quiso salvar la legalidad, y Largo Caballero quiso más tarde realizar una coalición revolucionaria. Después de diversos tanteos, la voluntad de fundar una autoridad se encarnó en un hombre nuevo, el profesor socialista Negrín, apoyado en las organizaciones comunistas que ganaban terreno por su disciplina, su acción de guerra y el prestigio de la ayuda rusa. Las etapas de esta evolución fueron la batalla de calles contra un movimiento izquierdista barcelonés, en mayo de 1937, la instalación de Negrín en Barcelona en septiembre del mismo año, y el proceso del POUM (comunistas disidentes). La disciplina triunfó cuando los recursos se agotaban. Después de la caída de Cataluña, Negrín fue derrocado en Madrid por una coalición de moderados, anarquistas y jefes militares.

Sin duda alguna, los antifascistas habían sufrido las consecuencias de su desunión.

El «movimiento» fue más fácil de conducir políticamente. No es que comprendiese menos diversidad de elementos. Pero las masas conservadoras aceptaron la autoridad del clero y del ejército, mientras que las disensiones de los de arriba les eran desconocidas. El general Franco, promovido al primer puesto por la desaparición de Sanjurjo, Calvo Sotelo, José Antonio, y más tarde de Mola, tuvo la suerte de encontrarse en una encrucijada de tendencias, y la habilidad de saberse mantener en ella. Entregando la propaganda y numerosas responsabilidades locales a los jóvenes fascistas, tranquilizó a la Iglesia, a los tradicionalistas y a los propietarios y, sobre todo, preparó el dominio del ejército. Tardó mucho tiempo en poder definir el régimen.

En octubre de 1936, una clásica Junta de Defensa cedió el puesto al «generalísimo» Franco y a su Junta Técnica. Las negociaciones para llegar a un «partido único» duraron hasta abril de 1937. Dicho partido recibió un título complejo: Falange Española Tradicionalista y de las Juntas de Ofensiva Nacional Sindicalistas (FET y de las JONS). En agosto de 1937, Franco unió el título de «Caudillo» al de jefe del Estado. En enero de 1938, la Junta se convirtió en Gobierno. Pero las leyes orgánicas del régimen serán elaboradas después de la guerra. Las crisis (eliminaciones de carlistas y de falangistas intransigentes) permanecieron secretas.

La fuerza de Franco consistió en que, tanto en el interior como en el exterior, la coalición contrarrevolucionaria conservó su solidez. Pese a algunos escrúpulos doctrinales, la Iglesia se amoldó a la acción fascista, y el capitalismo extranjero sostuvo a Franco financieramente. Contando con estas protecciones morales y económicas, el régimen ocultó la brutalidad de sus métodos internos, y preparó un doble juego internacional.

Represiones y «terrores». — Sería absurdo subestimar las violencias cuyo recuerdo domina aún todas las reacciones del español medio. Terribles en el campo «rojo», por desordenadas; terribles en el campo «blanco» porque se ejecutaban en orden y cumpliendo órdenes. Dichas violencias han dado lugar, sin embargo, a juicios que frecuentemente es útil revisar.

No hay que olvidar que ciertos aspectos de estos acontecimientos son *específicamente españoles*. Hubo sacerdotes que bendijeron los peores fusilamientos y multitudes que persiguieron a los religiosos hasta la tumba. Es el choque de una religión y una contrarreligión que han bebido en las mismas fuentes sus nociones de la muerte y del sacrilegio, conservadas desde el siglo xv bajo la campana neumática de la Contrarreforma, y en lucha contra un instinto de liberación. Caprichos de Goya, agonías de Unamuno, películas de Buñuel; España libra siempre contra su pasado una batalla íntima, ansiosa, con crisis violentas.

Por otra parte, hay ciertas *cifras* que exigen una crítica. Se ha hablado de un millón de muertos, de veinte mil religiosos que encontraron la muerte, de «terror» en masa. El espejismo es evidente; hablando de las ejecuciones franquistas en Zaragoza, tres aragoneses me han dado las cifras siguientes: ¡cinco fusilados, catorce mil víctimas, treinta mil por lo menos! Los cálculos demográficos inducen a creer que las pérdidas de la población española debidas a la guerra civil serían de unas quinientas sesenta mil personas, incluyendo en ellas las víctimas de combates y de bombardeos. Verdad es que la crítica de las cifras no debe hacer pensar que la impresión psicológica fuera menos intensa; y esto es lo que vale como factor para el porvenir.

El efecto *psicológico* del «terror rojo», incontrolado, espectacular, que recaía sobre personalidades conocidas, no será despreciable: el régimen lo explota diariamente por medio de la prensa, las conmemoraciones y los hábitos de vocabulario. Sin embargo, hoy en día, la opinión no toma en menos consideración el terror ejercido por el «movimiento»: iniciativas falangistas o represión militar. Este terror se desató brutalmente desde los primeros días, por simples delitos de opinión, sin mayor moderación que la represión popular; además, ha durado mucho más tiempo que la sacudida revolucionaria; siguió a los ejércitos en su avance y ha sobrevivido a la guerra. Por esa razón, muchos adversarios de la violencia no han podido adherirse al régimen de Franco. Y el espectáculo de las prisiones y campos de concentración, y de la presión moral sobre las víctimas, está aún vivo como testimonio.

Pese a todo, el fondo de los acontecimientos no reside ahí. Se trata de una crisis *nacional* y *social,* tan unánimemente reconocida en 1936, que los dos campos invocaron *la defensa patriótica* y *la voluntad revolucionaria.* Queda por saber lo que este vocabulario único encubre de diversidad en las intenciones.

El problema nacional. — La reacción de los catalanes y de los vascos fue psicológicamene «nacional», en el sentido que el espíritu de grupo fue capaz de aglutinar a católicos fervientes con vehementes militantes anticlericales, y de que si en las dos comunidades hubo grandes burgueses que olvidaron su pasado «nacionalista» por la lucha de clases, fueron considerados como «traidores», lo que vinculó aún más los sentimientos regionales a la defensa democrática. Esos sentimientos reanudaron la tradición federal, la menos alejada de la psicología anarquista. Y el comunismo, por su parte, aceptó apoyarse en todo patriotismo regional verdaderamente popular, en la medida en que no obstaculizaba, sino reforzaba, el combate.

Por otra parte, la intervención italo-alemana se hizo odiosa en toda la zona republicana, como atentado simultáneo a la libertad y a la *patria.* Se oyó a oradores anarquistas que invocaban 1808 y la Reconquista. Se habló de frente nacional. Desde Giner, los intelectuales sabían mezclar la tradición española con la voluntad de renovación. Desde Antonio Machado a Alberti, Altolaguirre, Miguel Hernández, los poetas ofrecieron al pueblo en guerra romances, sátiras y canciones, con tanta más emoción cuanto que el más grande de ellos, uno de los poetas más asombrosos de todos los tiempos, Federico García Lorca, ejecutado en Granada, había sido una de las primeras víctimas del movimiento militar. Se exaltó la tierra de España, su arte y su historia, por las oficinas de educación y de propaganda. Los clarividentes contaron con un nuevo patriotismo, *ligado a las aspiraciones populares y carente de hostilidad a la personalidad de las regiones,* para resolver la crisis de España como nación.

El «nacionalismo» del campo adverso fue muy diferente: *unitario* ante todo, también se proclamaba *expansivo.* Falange y las JONS confiesan tomar del fascismo la mística de la *Unidad.* Pero la *Unidad* se entiende sobre todo, en España, contra los nacionalismos locales. «Todo separatismo es un crimen que no perdonaremos», dijo la Falange, esperando cristalizar así el único temor verdadero del cuerpo español: la disociación. Sin embargo, para condenar a catalanes y vascos, hace falta eliminar de la palabra «nación» el sentido romántico, el sentido mistraliano de comunidad espontáneamente sentida. Como la grandeza de España reside en la historia, la nación será, pues, una «unidad histórica». A condición (puesto que «histórica» podría significar «cambiante») de atribuirle una «finalidad», una «unidad de destino», «permanente, transcendente, suprema». Su garantía será el orgullo de *casta,* equivalente español al orgullo de raza nazi. El español hidalgo y caballero cristiano vale por su «estilo de vida», que dicta el «imperativo poético». He aquí otra de las conclusiones de las corrientes literarias de rehabilitación del Quijote, y del «casticismo» místico y guerrero.

En dicho aspecto este «nacionalismo» es poco accesible a la masa. El partidario más corriente del franquismo obedece a más viejos hábitos del espíritu: tradición campesina, patriotismo de oficiales colmado por el retorno a la bandera bicolor y a la *Marcha Real,* confusión (estimulada por el clero) entre religión y patria, triunfos fáciles de intelectuales conformistas que se alimentan del arsenal erudito del historiador americano Pereyra o de Menéndez Pelayo. La propaganda pasa también rápidamente del nacionalismo inquieto de José Antonio, que invitaba a levantar a España, «esta ruina física», «por el camino de la crítica», a un tono de vanidad satisfecha, en el que el cliché histórico, «el tópico», sirve de argumento favorito.

Por otra parte, la Falange había anunciado un sistema activo, «imperial», reivindicando Gibraltar, Tánger, el Marruecos francés y la dirección del «eje hispánico», contra el panamericanismo anglosajón. En tiempos de los éxitos alemanes, todo eso pudo ilusionar. Cuando la suerte obligó a la diplomacia y a la propaganda españolas a disimular primero, y luego a sumarse aceleradamente a las «democracias» tan despreciadas anteriormente, este nuevo fracaso de los primeros principios privó a los integrantes nacionalistas de la ideología del régimen del valor dinámico e impulsor que se les había querido atribuir. Las campañas contra otros españoles (exiliados, autonomistas), contra Francia «enemiga de la tradición» y contra una lejana Rusia, buscaron —al parecer en vano— devolverle la perdida fuerza.

El problema de la transformación social. — ¿Saldría un cambio social profundo del conflicto sangriento? La conmoción fue inmediata en la zona republicana. No es que no hubiese conservadores entre los republicanos. Pero, lo mismo que el pronunciamiento frustrado de 1932 había traído la única medida radical de la República en materia de reforma agraria, se aceptó la idea de que la reacción contra la sublevación del 18 de julio conduciría a una revolución del cuerpo social.

Los comités obreros intervinieron las empresas, los ayuntamientos y sindicatos, los grandes servicios públicos. Los campesinos ocuparon las tierras o dejaron de pagar los arrendamientos. La FAI y la CNT hicieron en Aragón y Cataluña experiencias «libertarias» aisladas, reanudando a veces las fórmulas del viejo «colectivismo agrario». En octubre de 1936, un decreto de la Generalitat sancionó una colectivización muy amplia de la industria en Cataluña: era obligatoria para las empresas de más de cien obreros, a petición del personal para las empresas medias (de 50 a 100 obreros), y aplicada automáticamente a toda empresa en caso de abandono o de responsabilidades políticas del propietario. Un comité económico debía asegurar la planificación.

En el resto de la España republicana, las medidas importantes fueron las referentes al mundo agrario. Un decreto de octubre de 1936 sistematizó las medidas generalmente ya aplicadas por los campesinos: expropiación por responsabilidades políticas o por fuga, reparto de las grandes propiedades. Las comunidades eran libres de elegir entre la explotación individual o la colectiva. En mayo de 1938 se dieron las cifras siguientes: 2.432.202 hectáreas expropiadas por abandono o responsabilidades políticas, 2.008.000 por utilidad social, 1.252.000 ocupadas provisionalmente y sujetas a revisión. El Instituto de Reforma Agraria elaboró un programa de créditos, intervención técnica, plan de cultivos y mecanización que no tuvo tiempo de aplicar. En Andalucía y Extremadura, la agricultura sufrió a causa de la falta de medios y de experiencia de los campesinos. Las regiones de cooperativas, de pequeña propiedad y pequeños arrendamientos mantuvieron la producción. El problema consistió en la organización de la intervención exigida por la economía de guerra.

La actitud de los partidos y de los sindicatos frente a todas estas novedades había sido diferente. Los comunistas, estimando que la victoria era la condición de la revolución, subordinaban todo a la guerra, se negaban a atacar la pequeña propiedad y denunciaban las colectivizaciones inútiles. Los anarquistas y comunistas disidentes, estimando que la revo-

lución total era condición de victoria, llamaban traición a toda
limitación de sus primeras experiencias. Estudios recientes
han puesto de relieve el interés y los resultados positivos de
algunos intentos. Ninguno de ellos dejó huella permanente,
pero la necesidad de un cambio profundo en la estructura de la
sociedad española había sido afirmada.

Dicha necesidad aparecía con suficiente claridad en 1936
para que el pronunciamiento, cuyo programa era negativo, se
creyese obligado a adoptar, una vez lanzado a la acción, los
veintiséis puntos falangistas, versión española del pensamiento fascista, con su condenación teórica del orden establecido,
que había aterrado tiempo antes a los moderados.

«Repudiamos el sistema capitalista.» «No es tolerable
que masas enormes vivan miserablemente, mientras que unos
cuantos disfrutan de todos los lujos.» España será «nacional-
sindicalista», término que permite imitar al nazismo sin co-
piarlo, recordar la tradición gremial española, y finalmente co-
quetear (por una tendencia opuesta a la de 1923) con el anarco-sindicalista, «el hombre de la pistola en la gabardina»,
«más español» que el marxista «materialista» y disciplinado,
que se convierte esta vez en el enemigo número uno.

¿Se trata, en realidad, de una doctrina económica precisa? Las fórmulas son vagas: «corregir los abusos del capitalismo», no conceder «la menor consideración» a los no trabajadores. Y la psicología es contradictoria, en ciertos puntos:
«sindicato de productores» parece definir una sociedad fundada en el trabajo; pero también se repite, siguiendo a José
Antonio, que dicho fundamento es materialista, antiespañol
y anticristiano (el trabajo es castigo y no mérito; es el sentido
religioso-militar lo que debe informar la vida).

Sin duda, se denuncia al señorito, al desocupado de buena
familia. Pero éste combate respondiendo al llamamiento de
casta. Se le condena como señorito y se le exalta como hidalgo. ¿Cómo ver en su combate *defensivo* la garantía de una

revolución? Al glorificar a la vieja España por haberse «rehusado» a las revoluciones de los siglos XVI y XVIII, la «nueva España» se confiesa implícitamente contrarrevolucionaria y nadie duda de que así lo sea. La masa que se alinea tras Franco, a despecho del vocabulario de la Falange, es la misma que votó en febrero «contra la revolución», por instinto de conservación o por tradicionalismo.

También Franco, sin dejar de aceptar para sus fines el dinamismo falangista, emplea primordialmente fórmulas más moderadas: «justicia social», «enseñanzas de la Iglesia», «ni un hogar sin lumbre, ni un español sin pan». En 1938, una vez fundada la unidad del Partido, promulga por fin un «Fuero del Trabajo», que merece algunas observaciones.

La palabra «fuero» es una concesión a la moda «historicista» y al tradicionalismo. Verdad es que se trata de un empleo abusivo. El «fuero» medieval era un contrato expreso entre una comunidad y una autoridad precisas; el nuevo «fuero» es una declaración de derechos, privada de toda sanción. Por otra parte, el «Fuero del Trabajo» indica neto retroceso con respecto al programa de la Falange. Sus promesas sociales son modestas (vacaciones, seguros, salario mínimo familiar). Y si se habla de hacer de la nación un «sindicato vertical» bajo la jerarquía del Partido, el *párrafo agrario es sacrificado*. Al contrario del fascismo italiano, inspirado por la gran industria y más libre en materia agraria, el fascismo español se muestra dispuesto a fiscalizar la industria (la patronal catalana y la vasca siguen siendo sospechosas), pero teme irritar los intereses agrarios.

En cuanto a la obra práctica realizada en el transcurso de la guerra, presenta diferentes aspectos. En primer lugar, *la reacción contra la obra del Frente Popular*: salarios que retroceden al nivel de febrero de 1936, tierras devueltas a los propietarios (los campesinos instalados de antiguo y no sospechosos pueden quedar como arrendatarios), indemnizaciones a las personas afectadas en sus bienes por hechos políticos. Por otra parte, las *costumbres de hecho* preceden a la legislación: como la intervención (más política que económica) de los sindicatos falangistas en las empresas. *Inversamente,* se adoptan *medidas legislativas* que no son aplicadas: seguros sociales, expropiación de tierras dejadas sin cultivar. A esto hay que añadir *la obra económica de la guerra,* que puede tener trascendencia para el porvenir: distribución fiscalizada de las materias industriales, Servicio Nacional del Trigo que impone las superficies a sembrar y adquiere toda la cosecha, por intermedio de un sindicato agrícola único. El más visible *esfuerzo social* fue también obra de las circunstancias: reconstrucciones, ayuda a las víctimas de la guerra y Auxilio Social, que intenta detener la miseria más ostensible mediante una espectacular campaña de caridad. Verdad es que la institución de caridad como remedio social respondía a una tradición, que constituye a menudo el fondo de la concepción social de las clases ricas españolas; y si la Iglesia manifestó sus reservas sobre este particular fue porque la movilización de la caridad femenina presentó un aspecto exterior más hitleriano que tradicional.

En resumen, la guerra, lejos de desatar la «revolución» anunciada por el vocabulario de los falangistas, no supuso, en zona nacionalista, ningún cambio profundo en la estructura de la sociedad. Por el contrario, las castas dirigentes —clero, ejército, juventud rica asociada al Partido, a los cuadros militares y al Auxilio Social— se impusieron de forma decisiva, sin que ninguna fórmula económica nueva entrase en la realidad de los hechos. ¿Ocurrió lo mismo después de la victoria?

El régimen del general Franco (1939-1975)

1939-1942. — Hasta mayo de 1940, Franco, inquieto, desea reagrupar a «los occidentales». En cuanto el ejército alemán aparece victorioso, pasa a la «no beligerancia», ocupa Tánger, se apoya en el germanófilo Serrano Súñer y se entrevista con Hitler y Mussolini. A cambio de una adhesión teatral, espera ventajas materiales y coloniales. En realidad, a Hitler y a Ribbentrop no les interesa hablar de un segundo frente en terreno dudoso. Una entrevista hispano-portuguesa asegura recíprocamente a ingleses y alemanes la neutralidad ibérica. En el interior los tiempos son muy duros: miseria y aislamiento. La Falange da el tono a la economía y a la legislación tomada del modelo nazi.

1942-1944. — El desembarco aliado en África obliga a la diplomacia franquista (general Jordana) a ceder ante la presión de los anglosajones. Sus ofertas de reconciliación «occidental» son mal recibidas, pero España obtiene pedidos y suministros para su industria. Se suaviza el vocabulario totalitario.

1944-1948. — Segura ya la victoria aliada, la política exterior española, primero con Lequerica y luego con Martín Artajo, elude los consejos de democratización, jugando la carta del renaciente anticomunismo, ofreciendo al mismo tiempo una adhesión suplicante a las iniciativas americanas. Sin emgo, el estado de opinión internacional obliga a la ONU a formular una condena del régimen de Franco, y a Francia a cerrar la frontera durante cierto tiempo. El gobierno español intenta entonces obtener una reacción del sentimiento nacional. Pero se atraviesa un período de graves dificultades económicas; alzas de precios y medidas sociales improvisadas refuerzan sucesivamente el mecanismo de la inflación. En política el juego pendular del jefe del Estado entre falangistas y católicos, las negociaciones con don Juan y el disfraz de «Regencia» dado a la dictadura manifiestan que el régimen no tiene la conciencia tranquila.

1948-1955. — La «guerra fría» permite al general Franco, superviviente del fascismo, presentarse como «un precursor». Actúa entonces con los Estados Unidos como en 1940 con Alemania: como acreedor más que como solicitante. Pero los Estados Unidos, como antes Alemania, piensan en servirse de España y no en servirla.

Hay que esperar a 1953 para la firma de un tratado de «ayuda militar», según el cual los Estados Unidos prestan 141 millones de dólares como ayuda militar, y 85 más «para fortalecer la base económica del programa de cooperación militar». Aquel verano de 1953, inaugurado con la firma del Concordato, pudo presentarse como un momento de apogeo para la política exterior del régimen franquista.

1956-1962. — La recuperación económica y el comienzo de la industrialización fueron acompañados de una inflación sumamente fuerte; el año 1956 se caracterizó por una intensa agitación social y por la presencia de una vigorosa oposición universitaria. Sin embargo, España entra en la ONU y en algunos organismos europeos. El plan de estabilización, en 1959-1960 frena la fuga de divisas y acarrea un estancamiento económico. De nuevo en 1962 reaparecen manifestaciones y huelgas (Asturias).

1963-1973. — Es una época de rápido crecimiento, orientado por los «planes». El régimen celebra sus bodas de plata con el lema «25 años de paz». La «ley orgánica» de 1966 mantiene a Franco como jefe del Estado, y a las Cortes como «corporativas». Dicha ley se somete a un referéndum en el que el fracaso de la abstención, reconocida por la oposición, unida a las precauciones tomadas contra ella, arroja un número de votantes superior al de inscritos. La multiplicación de los delitos de prensa compensa la supresión legal de la censura.

En julio de 1970 se asigna al príncipe Juan Carlos un papel oficial como sucesor designado del «Caudillo», forma de restauración desaprobada por el carlismo y por don Juan. En diciembre el «proceso de Burgos» que condena a muerte a seis jóvenes de ETA levanta una ola de protestas. Franco conmuta las penas, pero en Madrid los partidarios de un régimen duro se manifiestan en la calle. En el poder, los tecnócratas del Opus Dei descartan ya a los falangistas. Sin embargo, el almirante Carrero Blanco continúa en la cúspide y sigue siendo intransigente y autoritario. Pero el 20 de diciembre de 1973, en pleno centro de Madrid su coche salta sobre una mina y ETA reivindica este atentado. Su desaparición no es lamentada. A pesar de la calma aparente se habla de crisis.

1974-1975. — El ambiente económico es menos favorable. La revolución portuguesa, tan próxima, aviva los temores y las esperanzas. La salud del general Franco plantea en julio de 1974 el problema de la sucesión. Se adivina la llegada del gran juego de las intrigas. El gobierno de Arias Navarro anuncia reformas liberales (autorizando las asociaciones políticas) que resultan irrisorias. Partidarios muy conocidos del régimen pasan a la oposición. Aquí y allí van apareciendo la vida política y la prensa crítica al mismo tiempo que la represión se endurece: ejecución del joven anarquista Salvador Puig Antich, torturas y condenas a muerte contra los miembros o supuestos cómplices de ETA y del FRAP. El sistema continúa fiel a sus orígenes.

¿Ha resuelto el régimen franquista los *problemas* de España?

El de la *estructura nacional* continúa planteado. El autonomismo fue siempre el gran fantasma atemorizador de la Falange. Hacia 1955-1960, Madrid autorizó algunas manifestaciones de regionalismo cultural. Pero, apenas autorizada, la edición de libros en catalán alcanzó un éxito imprevisto. La lengua volvió a ser el distintivo capital del grupo, y esto se extendió, más que en otros tiempos, al país valenciano, al balear y al rosellonés. Los animadores de este movimiento siguen siendo los intelectuales y el clero bajo. Pero algunos sectores de la burguesía activa vuelven a encontrar en 1975 el mismo lenguaje de 1906. Y, en los bloques obreros de Barcelona, Sabadell y Tarrasa se entrelazan de nuevo las reivindicaciones sociales y las nacionalistas. La Assemblea de Catalunya, prohibida por el poder y muy discutida entre los revolucionarios, da testimonio del amplio espectro movilizado. El fenómeno, masivo, sigue moderado. Por el contrario, en el País Vasco la aspiración nacional, defendida y reconocida por una minoría joven, se traduce en acciones más duras; el grupo ETA (*Euskadi Ta Askatasuna*: País Vasco y Libertad), aunque dividido entre la táctica y la teoría, se impone por el heroísmo de sus combatientes en la calle ante la tortura y los tribunales, y asociando al mismo tiempo la libertad nacional con la revolución social. ETA intimida a las otras oposiciones, pero les fuerza a su solidaridad. El unitarismo ha recorrido su camino.

¿En qué situación se hallan los problemas económicos? Veinte años de estancamiento prolongado seguidos de un despegue fulminante requieren que hagamos un intento de balance.

Intentémoslo en primer lugar para la *agricultura*.

Hasta 1962 persiste la «desigualdad de cosechas» (trigo: en 1958, 48 millones de quintales; en 1961, 30); y las cifras medias de los años 1931 a 1935 no se han vuelto a alcanzar; la disponibilidad de cereales por cabeza ha disminuido un 35 % y el valor producido por agricultor ha bajado un 18 %. En

1960, España dedica el 13 % de sus inversiones a la agricultura que ocupa todavía el 47 % de su población activa y que sólo produce un tercio del producto nacional bruto. La «colonización» (incluido el plan Badajoz y sus 35 pueblos) no se halla a la altura de los problemas. Sigue habiendo tierras sin hombres, hombres sin tierras y tierras donde la gente se amontona.

En 1962 arranca la modernización. Entre 1954-1958 y 1965-1969, la producción de trigo pasa de 40 a 50 millones de quintales y el rendimiento por hectárea de 9,4 a 12,5 quintales. El maíz, el centeno, la cabaña porcina y la avicultura progresan deprisa; aumenta considerablemente la utilización de abonos y el parque de tractores cambia en quince años de 26.000 a 243.000 unidades. ¿Se prestará el *latifundio* a la modernización? Pero el éxodo rural rebasa los límites óptimos y las inversiones siguen siendo insuficientes (15 $/ha y 60 $/ha en Europa). Los mercados se muestran poco seguros. El retroceso de la agricultura tanto en el producto (de 33 a 15 %) como en su población activa (de 42 a 26 %) es un signo positivo; realizado en diez años resulta humanamente costoso. La mutación económica no ha resuelto los abundantes problemas sociales del minifundio, de los asalariados, del paro y del abandono de los pueblos.

La *industrialización* también fue tardía y rápida.

Hasta 1951-1953, el Instituto Nacional de Industria (INI) se inspira en el dirigismo falangista: autarquía y refuerzo económico del centro peninsular. Hasta 1960 lleva invertidos unos 55.000 millones de pesetas, de los que han ido 42.000 a las industrias básicas, sin llegar a dominar el desequilibrio régional ni a llevar adelante el progreso energético y siderúrgico. Se continúa la exportación de minerales brutos.

De 1954 a 1962, la «vía autárquica» dejó paso a la abierta intervención del capital extranjero y el dirigismo cedió ante el liberalismo.

El «boom» europeo de los años 1954-1958 coincidió con las primeras aportaciones de la ayuda americana (de 1954 a 1958: 341 millones de dólares de los que 31 fueron para obras eléctricas, 30 para ferrocarriles y 8 para riegos). Esta convergencia produjo una situación inflacionista e intercambios deficitarios. De 1951 a 1954, las importaciones españolas procedentes de Estados Unidos pasaron de 62 a 112 millones de dólares, mientras que las exportaciones españolas a dicho país bajaron de 65 a 46 millones de dólares. Esto produjo cierto deterioro de la moneda y los precios al por mayor crecieron un 15 % de 1956 a 1957.

El *plan de estabilización* de 1958 se pagó en 1960-1961, en que el crecimiento quedó frenado bruscamente.

En esas fechas el consumo del país de energía y de acero estaba todavía por debajo del tercio de la media en los países de la OCDE. Y el producto nacional bruto *per capita* sólo había aumentado 18 % en siete años. El índice de producción industrial, gracias a las nuevas instalaciones (automóviles, aluminio), crece rápidamente, pero no debe hacer creer en un despegue que no se afirma hasta 1962. De 1964 a 1969, el PNB, a precios constantes, ha crecido 35 % y la renta *per capita* un 28 %. Este adelanto ha sido irregular y varía de 6,7 entre 1964 y 1965 a 3 % entre 1966 y 1967. El consumo de energía eléctrica ha aumentado a un poco más del doble en diez años, pero con irregularidad (de 0,06 a 10,9 %, según los años; en 1969, España produce cerca de 6 millones de toneladas de acero y consume 8. Los resultados en 1969 siguen siendo modestos: renta *per capita*, 720 $; electricidad 1.600 kWh; energía consumida (equivalente a carbón) 1,78 t. (Las cifras correspondientes para 1974 son: 2.150 $, 2.300 kWh, y un poco más de 2 toneladas en el equivalente de carbón.)

Las ciudades han cambiado de aspecto. Zaragoza, Burgos, Valladolid y Pamplona ven crecer en sus arrabales barrios satélites. Madrid se ha convertido en una ciudad industrial, gris, contaminada; Barcelona y Bilbao, conservando su lugar de antaño en la industria nacional, forman aglomeraciones gigantes. Bancos potentes (a la vez de depósitos y de negocios) controlan este despegue. Cada vez más el capital extranjero juega un papel creciente, pero estrechamente ligado a los intereses de la oligarquía española.

Ciertos aspectos siguen siendo inquietantes: 1) el éxodo de la mano de obra, a menudo cualificada; 2) el papel del turismo y la inversión hotelera cuyo rendimiento y porvenir no son muy seguros; 3) el crecimiento de las importaciones; 4) el impulso inflacionista.

Los *problemas sociales* continúan siendo extremadamente agudos.

Durante quince años (1940-1955), el expolio de las clases trabajadoras se hizo sin contrapartida, de donde surge una acumulación masiva de capital que los bancos invierten. El despegue económico revelará entonces las disparidades sectoriales. En el campo, el *minifundio* sigue siendo miserable; el *latifundio* paga mejores jornales a su mano de obra, pero la mantiene proletarizada entre el éxodo y el paro. Por el contrario, aparecen ya ciertos sectores de campesinos regionales ricos. En la industria, los sectores retrasados se ven amenazados por el paro (minas asturianas), o por las crisis de exportación donde se ha podido exportar gracias a los salarios bajos (confección y calzado). Los nuevos sectores sufren, por el contrario, la concentración y la diferenciación en los salarios que se convierten en un complejo de primas, de horas extras, pluriempleo, que persiguen en vano a los precios en incesante alza. Por ello los conflictos laborales son numerosos, largos y extendidos a pesar de la ilegalidad de la huelga. Los sindicatos «verticales», desbordados, sirven sobre todo para enmascarar los choques ante la opinión, mientras surgen las «comisiones obreras» de discusión y de lucha. Los grupos clandestinos luchan por llevar la iniciativa; a menudo, el clero procura asilo para estas reuniones.

Las represiones son brutales y a veces sangrientas (Granada, Ferrol, Madrid y Barcelona).

¿Qué papel juega desde ese momento la oposición política?

En el período 1940 a 1953, no ha desaparecido (guerrillas locales, sindicatos clandestinos, falangistas decepcionados, liberales no resignados, monárquicos impacientes). No tuvo apenas importancia, ya que los dirigentes de la oposición popular habían muerto en el exilio o en la cárcel, y las clases medias, paralizadas por el temor, se contentaban con la oposición verbal. Era corriente encontrar entre los intelectuales la versión escéptica y pesimista de las crisis espirituales, la imágen de una España «intrínsecamente pobre», resignada a ser colonizada y condenada a regímenes arbitrarios atemperados por la negligencia y la anarquía.

A partir de 1944 el régimen sólo se ha «liberalizado» en el papel. Sus Cortes no son ni un parlamento moderno ni las que fueron en la Edad Media. Ni el Fuero de los Españoles, ni el del Trabajo, procuran garantías individuales. En tres terrenos, el padrinazgo nazi y fascista ha dejado recuerdo persistente: la policía, las organizaciones juveniles y la prensa. Cuando el despegue económico despierta una oposición de masas, la represión se dosifica sabiamente según el tipo de los oponentes.

Ya hemos hablado de la combatividad obrera y los golpes que recibe en la calle y en las empresas. Según los momentos, la oposición *intelectual* se tolera o se combate por la censura o se castiga con la cárcel o se entrega al vandalismo de los grupos activistas oficiosos (librerías y exposiciones saqueadas). Una poesía comprometida (Celaya, Blas de Otero), novelas de negro pesimismo y un cine violentamente crítico (Buñuel, Bardem, Berlanga y Ferreri) vuelven a inventar la versión amarga de España; grandes universidades viven en permanente estado de sitio; los hijos de importantes personajes participan en esta agitación. Y a partir de los años 70 no faltan las defecciones, incluso en lo más alto del sistema: teóricos abiertamente disidentes (Calvo Serer) y recientes propagandistas en busca de una formación oponente tolerada (Fraga Iribarne).

Frente a este desmoronamiento, los herederos de los antiguos partidos y un gran número de grupos nuevos intentan situarse. En aquéllos todavía predomina el efecto paralizante de los recuerdos. La guerra civil, ¿pudo evitarse?, ¿fue fatal?, se preguntan los moderados. ¿Quién tenía razón? (o mejor, ¿quién se equivocó?). Se preguntan los vencidos: ¿los anarquistas?, ¿los comunistas?, ¿los socialistas?, ¿los partidos burgueses? Los pequeños partidos tienen el mejor papel para arremeter contra los grandes ya que no tienen que dar pruebas de sus métodos. Y los jóvenes pontifican dogmáticamente acerca de problemas que no han vivido. Mucha vitalidad, pero no menos confusión.

En 1962 la presencia de Gil Robles en una reunión internacional hizo creer en una renovación «centrista» con lazos «europeos». El régimen reaccionó con suavidad: apenas arriesgaba nada. Por el contrario dio muestras de su intransigencia ante el comunismo de los tiempos de la guerra al ejecutar a Julián Grimau. Algunos creyeron que éste era el último ajuste de cuentas.

A pártir de ese momento la división entre los comunistas, los anarquistas redivivos y los trotsquistas, y la aparición de un vasquismo revolucionario, crearon una oposición de extrema izquierda demasiado fragmentada para llegar a ser decisiva, pero bastante activa para pasar ignorada. El final de la ilusión desarrollista, el atentado contra Carrero Blanco y la tan cercana revolución portuguesa impelieron al poder a extrañas liberalizaciones y a endurecimientos súbitos: Puig Antich muere a garrote vil; en septiembre de 1975 hay 11 condenas a muerte de las que 5 se ejecutan.

ETA y el núcleo marxista-leninista del FRAP se atreven a atacar al aparato represivo, pero éste sigue siendo el alma del régimen.

Lo que ha cambiado desde 1936 es la actitud de una parte del clero que se compromete en acciones políticas, incluso ilegales, y al que no se duda en culpar.

Ahora bien, la oposición no tiene más salida que la elección entre dos caminos: o bien un simple retorno a las formas democráticas (pero desgraciadamente Franco se ha servido mucho de las palabras «occidente» y «mundo libre»), o bien un cambio de las relaciones sociales de producción. El Partido Comunista de España elige el primer camino, la vía «italiana» y critica la ejecutoria del Partido Comunista Portugués; se alía en la Junta Democrática con hombres como Calvo Serer y los «antirrevisionistas» se lo critican pero, cuando incluso los carlistas se convierten en «socialistas», ¿qué alianza no resultaría paradójica? En la complejidad de las luchas de clases, el régimen ha distinguido mejor que sus adversarios a su «principal enemigo».

¿Es sólida la coalición conservadora?

Las *clases aristocráticas* y los *grandes terratenientes,* estrechamente unidos a los bancos y a la industria, ya no piensan como antaño. La restauración monárquica sólo les interesa en tanto en cuanto la creen capaz de garantizar el orden establecido, liberal o autoritario según las necesidades del momento.

El *ejército* y las *fuerzas de represión* son solidarios del sistema, ya que se forjaron en y para la guerra civil, y gozan del favor continuo del «Caudillo». La importancia del ejército dentro de la nación resulta paradójica en un país sin problemas exteriores. Hace pensar en el papel de las clases improductivas en tiempos de la decadencia; hasta los años sesenta, los mandos subalternos y la policía fueron otros tantos refugios para luchar contra el hambre. La cohesión de esa masa tan pobre ¿es definitiva? No se sabe. Los oficiales no han olvidado los peligros de 1931. Es poco probable que sigan el ejemplo portugués, nacido de la descolonización. Pero puede haber (y de hecho ha habido) tentaciones individuales.

A los *medios financieros* les gustaría liberarse de las últimas trabas dirigistas, heredadas de los años 40. Pero, para llegar a un «boom» francamente liberal, hay que decir que España no es Alemania. En ella un poder burgués tiene menos probabilidades si permite funcionar sin riesgo a un sistema parlamentario y electoral. La banca y la industria no quieren correr ese riesgo. Franco les ha dado satisfacciones ciertas en otoño de 1969, al apartar a los dirigentes falangistas de las responsabilidades ministeriales en beneficio de los tecnócratas afectos, públicamente o no, al Opus Dei. El asunto «Matesa» (exportaciones ficticias que gozaron de subvenciones de varios miles de millones de pesetas) se ve aprovechado por los derrotados contra esos tecnócratas. Pero la solidaridad del régimen con el gran capital, interno y externo, no corre grandes riesgos con este tipo de incidentes. En cuanto el peligro político adquiere forma revolucionaria, la mentalidad represiva vuelve a crear su personal a medida. Bien es verdad que los éxitos de la economía han sido efecto y causa del ascenso social de tecnócratas inteligentes que coquetearon, coquetean y coquetearán con las oposiciones «democráticas». Amenazas alternadas con favores y prebendas los neutralizan con facilidad.

La Iglesia ya está muy lejos de aquella época en que, como principal beneficiaria de la «Cruzada», saboreaba sus éxitos. privilegios fiscales, obligatoriedad del matrimonio religioso y del catecismo en las escuelas e influencia dominante del clero en la enseñanza, en la universidad y en el Consejo de Investigaciones Científicas. Esta identificación del régimen con el catolicismo estricto ha dejado paso hoy a una división de los católicos en tres tendencias: 1) la acción del Opus Dei, orden religiosa de nuevo talante, que confiesa su ambición de «encuadrar» a la sociedad laica, y que ha llegado a jugar un papel a veces decisivo dentro del aparato gubernamental, el capitalismo estatal, la tecnocracia de los «planes» y el personal industrial y bancario; 2) por el contrario, después del Concilio, jóvenes religiosos, curas de barrio e incluso de los pueblos, reaccionando contra el conformismo de ayer, y la ambición de hoy, vuelven a descubrir, en la oposición popular, su anticapitalismo tradicional; 3) entre estas corrientes, la masa duda y la jerarquía maniobra. De todas maneras, la «España negra» está rota.

De todas formas, los problemas fundamentales de España no han sido resueltos: ni la crisis social, ni la crisis nacional, ni la crisis espiritual. Saber que un conflicto permanente se oculta bajo la unidad de España oficialmente proclamada, sirve en cierto sentido al orden establecido. Éste, tanto dentro como fuera del país, se basa, no en vano, en el bloque instintivo de los conservadores. De ello, parte de la oposición deduce que necesitan afirmarse como una casi unanimidad, excluyendo solamente a los «ultras», preocupada por cambiar pacíficamente un régimen político desgastado. Pero éste resiste y, como ya ocurrió en los años 30, la juventud muestra a la vez mayor exigencia teórica y mayor impaciencia revolucionaria.

El simple impulso económico, con sus vaivenes, sus distorsiones y sus crisis, no basta para resolver todas la dificultades. La España de 1975 debe alimentar a unos 35 millones de habitantes. La técnica puede acabar con los viejos obstáculos. Pero los obstáculos sociales requieren algo más que unos simples cambios de personal político... Hace diez años, un tecnócrata dijo imprudentemente que, a partir de un PNB de 1.000 dólares por cabeza, España podría ser democratizada. La cifra se ha duplicado con creces. En 1975 no se han extraído las consecuencias de esta observación. Por el contrario, la lucha de clases se ha recrudecido. En cuanto a las estructuras nacionales, España debe hallar otras fórmulas de rela-

ción entre sus regiones, distintas de la autoridad mal soporta-
da. Espiritualmente, debe reconocer que su genio, sin perder su
originalidad, es más complejo e innovador que como pretende
definirlo un nacionalismo y una religión puramente superficial.

Ahora bien, las grandes crisis de 1931, 1934 y 1936, que
heredaron del pasado tantos rasgos confusos o trágicos, pro-
dujeron sin embargo profundos cambios, enmascarados luego
por una dictadura de clase. La masa española ya no acepta de
buen grado la dominación de minorías privilegiadas ni de
castas. Sería imprudente hablar del porvenir español con
fórmulas de hace un siglo: riñas de clanes, incidentes dinás-
ticos y conspiraciones de sociedades más o menos secretas. La
prensa y la diplomacia seguirán dando importancia a las ri-
validades de clases, a los asuntos de familia. Pero los valores
en juego no están a la merced de los incidentes de detalle. Se
trata del rejuvenecimiento material y espiritual de una de las
formaciones históricas más gloriosas de Europa. Grandes genios como Falla, Lorca y Picasso (para no nombrar más que
a los ya desaparecidos) ya han expresado la exaltación de ese
rejuvenecimiento. Gracias a ellos, la aportación española a la
sensibilidad del siglo xx es de primer orden. Y gracias a ellos,
sabemos que la originalidad íntima de la colectividad española
no tiene nada que temer del porvenir. El movimiento popular
de 1936 demostró la posibilidad de un acercamiento eficaz
entre tradición e innovación, entre voluntades nacionales, que
pueden ser múltiples, y voluntad revolucionaria. En diciembre
de 1970 y septiembre de 1975, una juventud armada con ese
doble ideal —patria y revolución— se enfrenta al viejo aparato represivo de los tribunales militares. Contrariamente al
título de la película de Semprún y Resnais «la guerra no ha
terminado». Y, por último, desde que el preludio del gran conflicto se produjo en su territorio, España ha vuelto a ser uno
de los puntos sensibles del mundo. Ya no queda un solo
hombre que no se sienta solidario de su destino.

EPÍLOGO (ENERO DE 1978)

Las conclusiones anteriores llevan el marchamo de septiembre de 1975, el mes del último y brutal sobresalto del sistema represivo nacido de la guerra civil: atmósfera tensa, estado de excepción, cinco ejecuciones severamente juzgadas en el mundo, aprensión del poder ante la previsible desaparición del general Franco.

Éste, cuya enfermedad se agravó en octubre, murió el 20 de noviembre de 1975, después de una agonía prolongada artificialmente, exhibida públicamente, digna de una escenificación de Arrabal o de Ferreri, y probablemente síntoma de las disensiones en las alturas sobre lo que debía ser el «postfranquismo».

La transferencia de los poderes del «caudillo» al «rey» no parecía incluir, en principio, la de la omnipotencia. Al otorgar la presidencia de las Cortes a un franquista probado, al mantener como jefe de Gobierno al hombre sobre el que recaían las responsabilidades de septiembre (Arias Navarro), pudo creerse que el joven soberano Juan Carlos trazaba los límites que le imponían, de entrada, los orígenes de su poder y la existencia de un aparato cuyo núcleo resistente fue bautizado como «bunker» por la opinión (comparación significativa pero poco exacta, puesto que nadie se había visto obligado al suicidio).

Sin embargo, y ante los representantes del extranjero, en la misa de la coronación, monseñor Tarancón, arzobispo de Madrid, tuvo interés en subrayar que la Iglesia española renunciaba en adelante a sus tradiciones conservadoras; y tres ministros diplomáticos, los señores Fraga Iribarne, Garrigues y Areilza, conde de Motrico, recibían el obvio encargo de preparar una evolución que permitiera a España, siguiendo el modelo griego o portugués, integrarse en fecha próxima a una Europa «centrista» o «socialdemócrata», con la bendición de los Estados Unidos. El señor Fraga, ministro de la Gobernación, pedía «dos semanas, dos meses, dos años», para instalar, organizar y reformar el sistema existente, manteniendo a la vez sus cuadros y su aparato represivo. En la oposición se habló entonces de una «dictablanda» que sucedía a una «dictadura», como en tiempos de Berenguer. También en este caso las similitudes no eran sino aproximaciones. Hoy han pasado dos años. Es innegable que se ha producido una transformación política en el sentido liberal. Pero sin revolución y con otro equipo.

En efecto, el 3 de julio de 1976, el rey designaba como jefe de Gobierno a un joven político poco conocido, Adolfo Suárez, que había asumido responsabilidades en el seno del «movimiento» falangista. Fue él, sin embargo, quien rápidamente anunció una reforma política real, una amnistía y unas elecciones. Votada por las Cortes existentes, la reforma preveía la elección de unas Cortes Constituyentes; una fracción del Senado (40 miembros) sería nombrada por el rey. La reforma se sometió (15 de diciembre de 1976) a un referéndum, método de consulta utilizado ya por Franco, y que parte de la oposición pretendió rechazar. Pero ¿cómo negarse a elecciones libres? Hubo un 23 % de abstenciones, un 94 % de «sí»; lo sorprendente fue el débil porcentaje de los «no» preconizados por los franquistas intransigentes (2,6 %).

La «apertura» se adelantaba, pues, a la «ruptura» deseada por algunos sectores de la oposición. Su éxito se debió sin duda a métodos inesperados: la amnistía se otorgó en etapas sucesivas, pero fue finalmente casi total; la legalización de los partidos y agrupaciones (cerca de 200) se escalonó igualmente; de esta forma, las decepciones y las satisfacciones, al no coincidir, no desencadenaron ningún estallido general, y se admitió la siguiente paradoja: a saber, que una legislación de filiación franquista decidiera sobre la legitimidad de un partido ¡basándose en el criterio del antitotalitarismo! Sin embargo, no debe creerse tampoco en una calma chicha. Los incidentes sangrientos fueron numerosos (asesinato, en pleno Madrid, de cinco abogados de Comisiones Obreras; disparos sobre las masas en Vitoria, y persistencia de los atentados individuales por parte de la fracción militar de ETA). La situación revolucionaria en Portugal había ocasionado muchos menos muertos.

Las elecciones, el 15 de junio de 1977, eran muy esperadas. No produjo sorpresa la polarización de la derecha moderada en torno al jefe del Gobierno y a su Unión del Centro Democrático (166 escaños, más 23 de los grupos próximos); más inesperado fue el éxito del joven Partido Socialista Obrero Español (118 escaños, más 6 para el Partido Socialista Popular). Pero lo más sorprendente fue el fracaso total del señor Fraga Iribarne, quien, decepcionado por su salida del Gobierno en julio de 1976, había creído reagrupar a la derecha en su Alianza Popular (sólo 16 diputados), y el escaso éxito (sólo 9,6 %) del Partido Comunista que, por una parte, había querido dar una imagen tranquilizadora y, por otra, había reunido a masas entusiastas alrededor de sus líderes regresados del exilio, Santiago Carrillo y Dolores Ibárruri.

Pero quizá la sorpresa mayor fue la de la fisonomía regional del escrutinio. En Cataluña, los comunistas (PSUC) rozaron el 20 % de los votos, y los socialistas el 30 %; todos los partidos se habían pronunciado enérgicamente por la autonomía; pero ni los catalanistas moderados ni los viejos partidos de antes del 36 consiguieron los votos previstos.

Cataluña mostraba, una vez más, su fisonomía particular, y la función de su estructura social, ahora ya muy poco campesina y progresivamente obrera. El 11 de septiembre de 1977, a raíz de la tradicional conmemoración del asedio de 1714, una manifestación monstruo agrupó, en las calles de Barcelona, a inmigrantes y a catalanes de origen en la reivindicación del Estatuto de Autonomía. Este conjunto de hechos decidió al gobierno y al rey a un gesto, una vez más, inesperado: el de restablecer simbólicamente la Generalitat y reclamar, para encabezarla, al presidente Josep Tarradellas, uno de los hombres que, en el exilio, había mantenido con mayor firmeza el principio de su legitimidad como sucesor de los presidentes Macià y Companys. Claro está que la opinión general consideró tal cosa como una maniobra del Gobierno contra la orientación claramente «de izquierda» de Cataluña. Pero se estableció una colaboración entre el presidente Tarradellas y los elegidos por los partidos. Y no hay que olvidar que su retorno significaba la renuncia del nuevo régimen a la doctrina, oficial durante cuarenta años, de la no legitimidad de los poderes republicanos. Es de toda evidencia que las verdaderas dificultades se centrarán, como en 1931-1932, en los problemas concretos: contenido del Estatuto, transferencia de los poderes, concesión de medios materiales.

El otro punto delicado, en la reestructuración política, se encuentra en el País Vasco. También aquí es evidente que Madrid, dispuesta a todas las concesiones de tipo «regionalista», muestra una mayor reticencia cuando los problemas adquieren un sentido «nacional». Navarra, profundamente transformada, ¿se contentará con sus privilegios tradicionales, o se sumará a la exigencia nacionalista del País Vasco? La rama militar de ETA, no aprobada pero no rechazada por la opinión popular, que no olvida a sus mártires, ¿mantendrá su independentismo armado? Los restantes autonomismos (Galicia, Andalucía, Aragón, Países Catalanes fuera del Principado) constituyen grados tan diversos que una solución global será difícil. Y, sin embargo, existen.

No olvidemos las dificultades económicas, la «crisis» coyuntural. Devaluación, empréstitos, no son más que paliativos. La inflación es una de las más fuertes de Europa. El «Pacto de la Moncloa» ha comprometido a todos los partidos parlamentarios, incluidos los comunistas, a repartir equitativamente los sacrificios entre todas las clases sociales. Pero ¿qué quiere decir equitativo? ¿Qué pensarán sobre esto los obreros, los parados? Y, si se aplica una auténtica justicia fiscal, ¿el descontento no alcanzará también a las empresas en crisis? Ni la lucha de clases, ni las conmociones coyunturales del capitalismo desaparecen mediante acuerdos políticos tomados por arriba. Y uno no puede dejar de plantear algunas cuestiones: ¿Quién cree gobernar y quién gobierna en realidad? ¿Qué quieren las masas, los grupos, los hombres? ¿Aspiran sólo al cambio político o, *también*, al cambio *social*? ¿Solamente a la libertad o, *también*, a la *igualdad*? ¿Solamente a las «autonomías» regionales o, *también*, a través de ellas, a una federación de socialismos? ¿Quién sueña en la revolución y quién en la distribución de carteras ministeriales? Se inicia una nueva batalla, parecida —demasiado parecida— a las de 1931, 1934 y 1936. Afortunadamente, la historia nunca se repite.

ÍNDICE

Serie general